保健室ですぐに使える
養護教諭のための
保健指導資料集

資料ダウンロード付き

総合診療医
監修 北垣 毅　養護教諭
編著 宇田川 和子

労働教育センター

はじめに──発刊にあたって

　本書は、現職の養護教諭たちが日頃の保健室での実践や毎日の保健指導を通して学校現場ですぐにそのまま使える保健指導資料集をつくりたいという思いから生まれました。実際に資料提供者が保健室で使っている保健指導資料で構成しました。

　保健室で使うための個別保健指導資料は、その場で機会を逃さず必要な子どもたちに渡せるようなものになっています。

　その他に健康診断のための配布資料、担任の先生が教室で子どもたちに保健指導を行なうための指導資料。これらは子どもたち向けの指導資料です。

　教職員向けには、他の先生方にも理解していただきたい疾患の資料も作成しました。さぼりだと思われ理解されにくい脳脊髄液減少症やリストカットなどについても取り上げ、どのように対応すればよいのか、その具体的な方法も書かれています。そのまま職員研修のための資料になります。それが今までの資料集にはない特徴といえます。職員会議等で説明するとき、本書はきっと役立つと思います。

　日頃、多忙な養護教諭の皆さまがすぐに使えるようダウンロードができるようになっています（ダウンロードについては本書の148～149ページに掲載）。

　なお、今回、発行にあたってできるだけ最新の情報を入れましたが、利用するにあたっては、本書を参考に先生方が勤務する校種や子どもたちに合わせたものにしていただければうれしいです。

　保健指導資料だけでなく、資料編を本書末に収録しました。資料編には、健康診断後に配布できるような各疾患の説明や各種相談窓口の案内など、養護教諭が必要だと思ったものを掲載しました。

　養護教諭の仕事は幅が広くあらゆる分野にまたがるため、収録する資料のテーマをしぼることからはじめ、資料集め、資料の出典・出所、根拠、引用

にあたっての許諾申請などさまざまな問題がありましたが、それらを一つひとつクリアして完成しました。自分の学校だけで使うのであれば、どこからの引用・出典かなどは、さほど要求されないかと思います。ここまで詳細な資料でなくてもいいかと何度も思いましたが、本質にせまるものでなければ実際には使えません。

　また、収録する項目・内容を検討していくなかで、あれが入っていない、これは入れたいと最後まで頭を悩ませました。不足する情報も多々あるかも知れませんが、皆さまの保健指導資料作成に本書を利用していただければ幸いです。

　なお、本書刊行にあたって、参考にした資料の出典はできるだけ各指導資料の末尾に掲載し、可能な限り引用・転載の許諾を申請しました。それぞれご許可をいただきましたことに感謝いたします。その他、専門家への取材、各省庁のホームページやさまざまなインターネットサイトを参考にしたことを記します。

　子どもたちのからだや心のありようはさまざまです。その指導にあたっては、子どもに寄り添いながらも科学的なものやエビデンスが求められます。

　そこで医療法人北垣会理事長で、千葉県船橋市のたけしファミリークリニック院長の北垣毅先生に監修をお願いしました。昨年来の新型コロナウイルスが感染拡大する状況下でたいへんお忙しいなかでも快く監修をお引き受けてくださった北垣先生に深く感謝申し上げます。また、執筆の機会を与えてくださった労働教育センター社長の南千佳子さん、企画編集に携わってくださいました久保田久代さんに心より感謝の意を表します。

2021年11月

目次

Part 4 担任向け 119

Part 5 資料編 129

Part 1 保健指導用

保健室で子どもたちに、保健指導をするときに使う資料です。
プリントアウトして子どもたちに渡し、保護者にも見てもらうようにします。
少し厚い紙にプリントアウトし、ファイリングして見せたりしながら指導もできます。
保健だよりを作成するうえでの資料として、またそのまま保健だよりにも使えます。
ポスターにしてもよいです。

体温　平熱って何?

■ 人間が生きているあかし──バイタルサイン（生命徴候）

　バイタル（Vital）は生命、サイン（Signs）は徴候という意味です。人間が生きているあかしのことで、ふつう、体温、脈拍、呼吸、血圧、意識を測定して、生命徴候の良し悪しを判断します。とても大切なチェック機能です。

　このチェックは医療従事者だけが知っておけばよいというものではなく、私たち一人ひとりが知るべきものです。その中でも、誰でも測れる最も身近な体調チェックの手段、体温について理解しましょう。

■ 体温について

　人の体温は体の部位によって温度が違います。手足の末梢や顔の表面の温度は、季節や環境の影響を受けやすいため安定していません。

　一方、体の内部の温度は、脳や心臓などの大切な臓器の働きを保つために安定しています。これを測れば安定した体温が得られますが、体の内部なので日常的に測ることは困難です。

　体に負担をかけずに簡単に検温をできる部位は、ワキ（腋窩）、口（舌下）、耳（耳内）、直腸等です。ここではワキの下の検温について詳しく知りましょう。

■ ワキの下の検温、正しい測り方をしていますか?

　ワキの下の温度は、そのままでは体の表面の温度ですが、しっかりワキを閉じることで温まり、体の内部の温度が反映されます。十分に温まった時の温度を測るのが正しい検温です。

ワキの下のくぼみに体温計を当てます。
体温計をはさんだ腕を反対の手で軽く押さえます。
10分以上はさんでいると、実測体温が測れます。
電子体温計は早く測れますが、予測体温です。

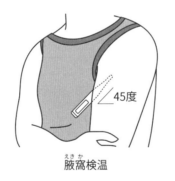

45度

腋窩検温

腋 窩 検 温	
測定部位	腋窩深部
測定方法	腋窩の深部に体温計を45度の角度で挿入する
注意点	飲食や入浴、運動の後30分は適さない

■ 平熱って何?

　人には、朝、昼、夜と、24時間周期で体温が変化する体温リズム（概日リズム）があります。

　1日のうちで早朝が最も低く、次第に上がり、夕方は最も高くなります。さまざまな条件で変動しますので、その平熱の範囲を知り、時間を決めて平熱を把握します。

■ 平熱の測り方
──平熱は、起床時、午前、午後、夜の計4回測る

　体温を測り、この体温値を時間帯ごとの平熱としておくとよいです。正しい平熱を知って健康管理に生かしましょう。

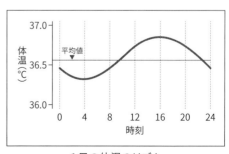

1日の体温のリズム

起立性調節障害（OD）

　立ち上がった時に、めまいや動悸、失神などが起きる自律神経の病気を「起立性調節障害」（OD：Orthostatic Dysregulation）といいます。

　立ち上がった際に血圧が低下した状態が続く起立性低血圧や、起立後に頻脈となり気分が悪くなる体位性頻脈症候群などがあります。頭痛や嘔気を伴うこともあります。このような症状がある場合は、<u>30秒くらいかけてゆっくりと立ち上がる（起きる）</u>ようにしてください。

　立位では重力の影響で下半身に血液やリンパ液が移動して、脳血流が減少しやすい状態になります。この時に自律神経が適切に働けば、立ちくらみやめまい、頻脈はおこりませんが、下肢を動かさないで長時間立位姿勢を保持していると、正常の人でも上半身に体液を移動させることが困難となります。

■ 起立性調節障害の症状が…そんな時、どうしたらよいの？

❶ つま先立ちを繰り返す

　立位姿勢を長時間続けている際にくらくらしてきたら、つま先立ちを繰り返しましょう。下肢の筋肉を動かすことで症状が軽減します。血管の静脈やリンパ管には逆流弁が備わっているため、それら周囲を取り囲む骨格筋を収縮させることにより静脈血やリンパ液は身体の上方向（心臓の方向）に移動します（筋ポンプ作用）。

❷ しゃがみ込む、横になる

　それでも気分が悪くなる場合は、脳の血流を増やすために、しゃがみ込んだり横になったりしましょう。症状がひどい時は、脚を少し上げた状態で横になります。

　横になっている状態では脈がゆっくりでも、立位になると脈が20以上速くなる場合は自律神経調節がうまく働いていない可能性が高いです。常日頃、適度に身体を動かすよう心がけましょう（脈拍が120を超えない程度の歩行で十分）。

❸ 日中は体調が悪くても、できるだけ横にならない

❹ 夜9時以降のテレビ、スマホ、ネットは避ける

❺ 水分を多くとることも有効（毎日1.5リットル程度）。塩分も忘れずに

起立性調節障害（OD）のチェックリスト

- ☐ 朝、なかなか起きられず、午前中は調子が悪い
- ☐ 立ちくらみやめまいを起こしやすい
- ☐ 立っていると気持ちが悪くなる
- ☐ 入浴時、あるいは嫌なことを見聞きすると気持ちが悪くなる
- ☐ 少し動くとドキドキしたり、息切れがしやすい
- ☐ 顔色が青白い
- ☐ 食欲がない
- ☐ 腹痛がときどきある
- ☐ 疲れやすい
- ☐ 頭痛がしばしばある
- ☐ 乗り物に酔いやすい

＊該当する項目が3つ以上あった場合は、起立性調節障害が疑われます。かかりつけ医の受診を勧めます。

参考資料：（社）日本小児心身医学会編『小児心身医学会 ガイドライン集 改訂第2版』（2015年）南江堂

もしかして ネット依存ではありませんか?

次のようなことはありませんか?

- ネットのことで頭がいっぱい
- 一度ネットをするとコントロールができない
- 長時間使わないと満足しない
- ネットを使わない時間が長いとイライラしたり、無気力になる
- むしゃくしゃの解消手段にまずネットを選択する
- やめようと決意してもすぐ元の状態に戻る

ネット依存症で起こること

❶ 身体的問題

- 視力障害（スマホ近視／スマホ老眼）
- 体力低下
- 骨密度低下
- 睡眠障害（長時間使用に関する生活リズムの乱れ、集中力低下）
- エコノミー症候群
- ストレートネック／猫背

❷ 学習能力・運動能力の低下

- 学習能力の低下（相対的な学習時間減少・集中力低下に伴う）
- 運動能力の低下（相対的な運動時間減少に伴う）
- 遅刻・欠席・居眠り

❸ 注意力低下による事故・負傷など

- 歩きスマホ、ながらスマホによるホーム転落事故など
- 運転中のスマホ操作による自転車・自動車事故など

❹ 家族・友人関係

- 誹謗中傷、いじめ
- 親子関係の悪化、友人関係の悪化
- 社会性・感受性の低下
- 抑うつや攻撃性の出現

❺ 経済問題

- 浪費
- 借金
- 親のお金の使い込み

❻ 犯罪加害・被害に関するトラブル

- 意識の薄い犯罪予告／犯罪勧誘
- Twitter等での犯罪・非常識行為の自慢
- 有害サイトへのアクセス・援助交際・金銭授受
- 画像・動画配信被害（個人の特定・ストーキング・リベンジポルノ）
- 個人情報の漏えい
- SNSなどによる性被害

インターネットゲーム依存チェック

- ☐ いつもインターネットゲームのことを考えている
- ☐ インターネットゲームができないとイライラ、不安、または悲しくなる
- ☐ 以前とくらべてインターネットゲームをする時間が増えた
- ☐ インターネットゲームをする時間を減らそうとしたが、うまくいかなかった
- ☐ インターネットゲームをすることで、今までの趣味や娯楽に興味がなくなった
- ☐ 問題が生じていることがわかっていても、インターネットゲームがやめられない
- ☐ 家族や他の人に、インターネットゲームをしている時間についてうそをついたことがある
- ☐ 嫌な気分を忘れるためにインターネットゲームをする
- ☐ インターネットゲームのために大事な人間関係、学習の機会を失いそうになった、あるいは失った

参考：アメリカ精神医学会のDSM-5（精神疾患の国際的な診断基準）

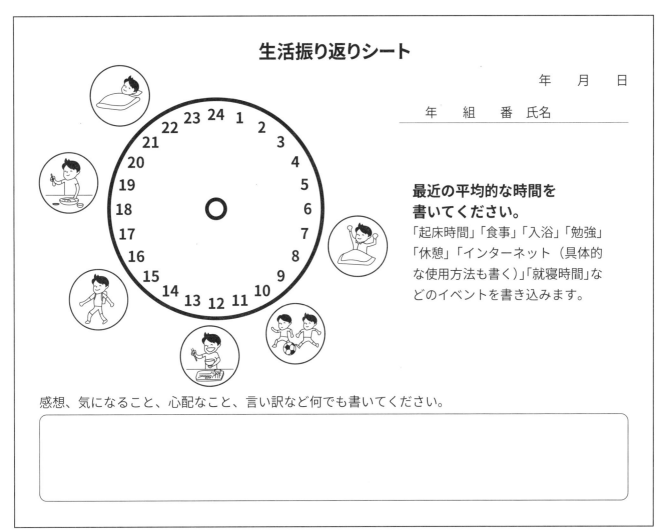

生活振り返りシート

年　　月　　日

年　　組　　番　氏名　_____

**最近の平均的な時間を
書いてください。**
「起床時間」「食事」「入浴」「勉強」
「休憩」「インターネット（具体的
な使用方法も書く）」「就寝時間」な
どのイベントを書き込みます。

感想、気になること、心配なこと、言い訳など何でも書いてください。

参考資料：樋口進『ネット依存症のことがよくわかる本』（2013年）講談社

依存症かも、と思ったら

相談窓口　全国の精神保健福祉センター

専門医療機関　「インターネット依存　ゲーム障害治療施設リスト」で検索できます。（資料編140ページ参照）

うつ病は、気分障害の1つです

　うつ病は、多くの人がかかる病気です。1日中気分が落ち込んでいる、何をしても楽しめないといった精神症状のほかに眠れない、食欲がない、疲れやすい、腰が痛い、肩がこるなどの身体症状もあらわれます。

　原因が思い当たらない場合もあります。脳がうまく働かなくなっている状態です。悪いほうにばかり考えてしまいます。

治療方法は

●カウンセリングによる治療　●薬物療法　などがあります。

　「うつ病」はこころの休養が必要だというサインです。気分の落ち込みはだれにでもありますが、それが2週間以上も続くようだったら専門医に相談しましょう。

うつ病を疑うサイン

自分が気づく変化

1．悲しい、憂うつな気分、沈んだ気分
2．何事にも興味がわかず、楽しくない
3．疲れやすく、元気がない（だるい）
4．気力、意欲、集中力の低下を自覚する（おっくう、何もする気がしない）
5．寝つきが悪くて、朝早く目がさめる
6．食欲がなくなる
7．人に会いたくなくなる
8．夕方より朝方の方が気分、体調が悪い
9．心配事が頭から離れず、考えが堂々めぐりする
10．失敗や悲しみ、失望から立ち直れない
11．自分を責め、自分は価値がないと感じる　など

周囲が気づく変化

1．以前と比べて表情が暗く、元気がない
2．体調不良の訴え（身体の痛みや倦怠感）が多くなる
3．勉強の能率が低下、ミスが増える
4．周囲との交流を避けるようになる
5．遅刻、早退、欠席が増加する
6．趣味やスポーツ、外出をしなくなる

引用：厚生労働省 地域におけるうつ対策検討会「うつ対策推進方策マニュアル」2004（一部変更）

＊最近は、従来型と違い、症状が軽く好きなことは続けられるうつ病も増えています。

パニック障害

　パニック障害のおもな症状は、激しい不安です。

　体の底からわきあがる理由のない不安と、さまざまな不安の身体症状からなるパニック発作が急性期のおもな症状です。

症状としては

パニック発作	❶ 心臓がどきどきするまたは心拍数が増加する	❷ 発　汗
	❸ 身震い、手足の震え	❹ 息が詰まる
	❺ 胸の痛みまたは不快感	❻ 吐き気、腹部の嫌な感じ
予期不安	パニック発作がまた起こるのではないかと強く恐れる	
広場恐怖	そこに行くと発作が起きそうな気がする	

治療法としては

●薬による治療　●少しずつ苦手なことに慣れていく心理療法　などがあります。

強迫性障害

　強迫性障害とは、自分でもやりすぎ、無意味、つまらないことだとわかっていても何度も同じ行為をくり返さずにはいられず、そのため、日常生活にも影響がでてくる病気です。意思に反して頭にうかんでしまう考えを強迫観念、ある行為をしないではいられないことを強迫行為といいます。

　治療をすればよくなる病気です。「せずにはいられない」「考えずにはいられない」ことでつらい気持ちになったり日常生活に支障が出たりするようだったら専門医に相談しましょう。

症状としては

不潔恐怖と洗浄	手洗い、入浴、洗浄をくり返す。ドアノブや手すりなど不潔だと感じるものを触れない
加害恐怖	誰かに危害を加えるのではないかという不安が心を離れない
確認行為	戸締まり、ガス栓、電気器具のスイッチを過剰に確認する
儀式行為	自分の決めた手順で物事を行なわないと恐ろしいことが起こるという不安からいつでも同じ方法で行なわないといけない
数字へのこだわり	数字に縁起をかついで非常にこだわる
物の配置、対称性などのこだわり	物の配置にこだわり、必ずそうなっていないと不安

治療法としては

●認知行動療法　●薬物療法　などがあります。

参考：厚生労働省HP「みんなのメンタルヘルス」

片頭痛　最近、保健室でも増えています

片頭痛の特徴

　片頭痛は、片側あるいは両方のこめかみから目のあたりにかけて、脈を打つように「ズキンズキン」と痛むのが特徴です。ひどくなると頭全体が痛みます。ひとたび痛み出したら、4〜72時間続きます。片頭痛の原因は、頭の血管の拡張と炎症です。

片頭痛の主な症状　あてはまるところがありますか？

痛み方	ときどき起こる（間欠的）「ズキンズキン」あるいは「ガンガン」と脈打つような痛みが4〜72時間続く
痛む場所	頭の片側に起こることが多いが、両側のこともある
頻　度	頭痛の起こる回数は、月に1〜2回程度から多い時は週に1〜2回
経　過	痛みは1〜2時間でピークに達し、吐き気や嘔吐（おうと）を伴うことも多い
動くとどうなる	動くと痛みが悪化する。動くよりじっとしているほうが楽。痛みの発作が起きている間は、姿勢を変えたり、頭をちょっと傾けたりするだけでも痛みが強くなる
痛み以外の症状	頭痛に伴って吐き気や、嘔吐を伴うことがある。また、ふだんは気にならない程度の光がまぶしく感じたり、音やにおいが嫌だと感じることがある
前　兆	頭痛が起こる前兆として、目の前にチカチカとしたフラッシュのような光やギザギザした光が現れたり、視野の一部が見えにくくなることがある

＊天候に関係することがあります。頭痛ダイアリー（資料編130ページ参照）をつけて病院に持参すると診断の参考になります。

片頭痛の治し方

その1　「薬」：できるだけ早く痛み止めを飲むことが大切

片頭痛は、現代病として増えています。上記の症状があり、まだ医師の診察を受けたことがない人は一度受診をして自分にあった薬をもらいましょう。

その2　「冷やす」

片頭痛で痛む部分や血管の通る首の後ろなどを冷やしましょう。片頭痛は血管の拡張によって引き起こされるため、冷やすことで血管の拡張を抑え、痛みをやわらげることができます。

その3　「暗い部屋で休む」

片頭痛の症状として、光や音、臭いなどの刺激に敏感になることがあります。そのため痛みを緩和するために静かな暗い部屋でゆっくり休みましょう。

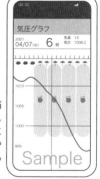

スマホアプリ「頭痛ーる」もおすすめ。気圧の変化をもとに頭痛の起こりやすさを教えてくれる無料アプリです。

その4　「ストレス、緊張から解放する時をつくる」

片頭痛は、過度の過労やストレスによって起こりやすくなるといわれています。

その5　「規則正しい生活をする」

寝過ぎ、寝不足、空腹などでも片頭痛は起こりやすいと言われています。生活のリズムを崩さず、食事なども栄養のバランスが整ったものを食べるように心がけましょう。

片頭痛と並んで代表的な頭痛に筋緊張性頭痛があります。首や肩の筋の緊張に加え、精神的なストレスが関係していると言われています。

＊専門医については、日本頭痛学会HPより探せます。

頭部打撲をした人へ

最初の6時間の観察がとても大切です

　本日、お子様は、頭を打撲（だぼく）しました。できるだけ24時間は1人にさせずに観察が必要です。

　頭をケガした、打った時は脳にさまざまな変化が起こる場合があります。特に頭蓋内で出血が起こると生命に危険を及ぼすことがあるため注意が必要です。この出血は受傷後、すぐに起こることがありますし、1日から2日、または数日かけてだんだんと大きくなってくることもあり、必ずしも受傷直後に症状が出るとは限りません。

　したがって現在症状が無くともしばらくの期間は注意が必要となります。

　そこで下の注意を読み、症状が当てはまるときは、夜間でも病院にご相談ください。

症　状

❶ 嘔吐（おうと）を繰り返すとき

❷ 元気がなく、ぐったりとしているとき

❸ ぼんやりとして、すぐに眠ってしまう。起こしてもなかなか起きないとき

❹ 頭痛がだんだんと強くなってきたとき

❺ めまいが起こったとき

❻ 手足にしびれや脱力が起こり、継続しているとき

❼ けいれんを起こしたとき

❽ 発熱（37.5℃以上）したとき

❾ 食欲がないとき、物が二重に見えるとき

❿ その他（何かおかしいと感じたとき）

- 症状には自覚的なものだけではなく、周囲の人が気づくものがあり、まわりの人による観察が必要となります。頭部をケガ・打撲をしたことは必ずまわりの人に伝えてください。
- 今日の入浴は、シャワーのみにしてください。
- 1週間以内に再度、頭部を打撲した場合は、必ず病院に受診をし「頭部打撲をしたこと」を伝えてください。
- 症状が遅れて出てくることがあり、数日間は充分に観察を行なう必要があります。

　※病院受診をした場合は、主治医の指示にしたがってください。なお、受診後は、保健室までお知らせください。日本スポーツ振興センターの手続きをします。

タバコは、毒のかんづめ!!

タール
さまざまな有害物質が混ざり合ったものの総称で、細胞をガン化させる「発ガン物質」は数十種類も含まれている

ニコチン
血管を縮めるため、血液の流れが悪くなる。依存性がある

一酸化炭素
赤血球に結びつき、酸素の運搬を妨げ、全身の細胞を酸欠状態にする

微細粒子（びさいりゅうし）
刺激により咳や痰（せき・たん）を引き起こす

Q 10代の若者はなぜタバコを吸ってはいけないの？

A 10代の体は、タバコの影響を受けやすいのです。20歳までの体は成長期にあたり、この時期に喫煙（きつえん）すると、大人より悪影響を受けることが医学的にも明らかになっています。

どんな影響かというと

❶ 運動能力の低下

喫煙は、体に対してニコチンやタールといった毒物を入れるだけでなく、一酸化炭素が血中のヘモグロビンと結びついて酸素の運搬をさまたげ、常時、酸欠状態になります。酸欠状態では息切れが生じたり、疲れやすくなったりするなどさまざまな運動能力が低下します。

❷ 学習能力の低下

脳の酸素不足により脳の働きが低下し、学力に悪影響を与えます。頭がさえるという人は、喫煙による禁断症状があらわれ、それが一時的に解消されていることでそう感じているだけです。

❸ ガンのリスクが上がる

10代で喫煙を始めた人の肺ガン死亡率は非喫煙者の約5.5倍となっており、いかに10代の若者が影響を受けやすいかがわかります。

❹ 依存しやすい

一度習慣になると止めることが非常に難しくなり、吸わないではいられなくなってしまいます。喫煙者の4割は10代からの喫煙が習慣となっています。

加熱式タバコ・電子タバコも健康被害はあります！

	加熱式タバコ	電子タバコ
特　徴	タバコ葉を燃焼させずに、電気的に加熱し発生した物質を吸入するタイプのタバコ製品	香料などを含む液体を電気的に加熱し発生した蒸気を吸入する製品
タバコの葉の使用	あり	なし
ニコチン含有	あり	本来はないはずだが、実際には含まれているものもある
主流煙の害	あり	可能性あり
副流煙の害	あり	可能性あり

＊主流煙は、喫煙者が口から直接吸い込む煙。副流煙は、タバコの先端から立ちのぼる煙

参考資料：厚生労働省HP「喫煙と健康問題について　簡単に理解したい人のために」

3次喫煙を知っていますか？

タバコを吸う人の吐き出す煙やタバコ自体の煙が空気に触れて化学反応を起こし、有害物質になります。それがカーテンや壁紙に付着します。人はそれらをゆっくり時間をかけて吸い込んだり皮膚から吸収したりします。受動喫煙（2次喫煙）以上の悪影響があると言われています。

参考：e-ヘルスネット（厚生労働省）

タバコ依存度テスト

禁煙の一番の妨げになるのがタバコへの依存。あなたの依存度はどの程度？

Q1　朝起きて、最初のタバコを吸うのは何分後？			
a．5分以内	3点	b．6〜30分	2点
c．31〜60分	1点	d．60分以降	0点
Q2　禁煙の指定がある場所でも禁煙するのがつらいですか？			
a．はい	1点	b．いいえ	0点
Q3　1日の喫煙で、どちらがよりやめにくい？			
a．朝の最初の1本	1点	b．その他の1本	0点
Q4　1日に何本吸いますか？			
a．31本以上	3点	b．21〜30本	2点
c．11〜20本	1点	d．10本以下	0点
Q5　起床後数時間のほうが、他の時間帯より多く喫煙していますか？			
a．はい	1点	b．いいえ	0点
Q6　風邪などで寝込んでいる時も、喫煙しますか？			
a．はい	1点	b．いいえ	0点

判定

0〜3点　依存度低い

あなたの「タバコ依存度」は低いです。そのため、やめたい気持ちが充分に固まっていればタバコとサヨナラできるはずです。

4〜6点　依存度中程度

ニコチン依存の離脱症状が妨げとなって、過去に禁煙に失敗している場合、対処法を決めておきましょう。ニコチンガムやパッチも有効です。

7〜10点　依存度高い

あなたの「タバコ依存度」はかなり進んでいます。タバコをやめるときには、禁断症状が強くでることを覚悟しましょう。でも、ニコチンガムやパッチの利用すれば、仕事などの日常生活に支障をきたすことなく禁煙に取り組めます。

資料：一般社団法人日本呼吸器学会HPより転載

睡眠足りていますか？ 改善策を提案します

　睡眠不足だとだるい、気持ちが悪い、頭痛、眠いなどの身体症状が現れます。睡眠の効用は心身ともに疲労を回復させることです。

　睡眠のリズムの中で、深い睡眠（ノンレム睡眠）が得られるほど、体内の修復・回復を促す成長ホルモンが多く分泌され、体内での代謝活動が促進されます。そうすると、脳も休まり、自律神経の働きが整うため、肥満の予防にもなり、ストレスからの回復・耐性も向上します。

睡眠障害チェックシート　13ページの「生活振り返りシート」も記入してみましょう

- [ ] 寝る時刻と起床の時間が毎日異なる
- [ ] 寝る時刻が24時を過ぎる
- [ ] 寝た後で何度も目が覚める
- [ ] 起きるのが極端に早い
- [ ] 夜、眠れていない
- [ ] 睡眠時間が6時間以下である
- [ ] いびきをかく
- [ ] 朝の目覚めが悪く、自分で起きられない
- [ ] 朝、学校に行きたくないという気分になる
- [ ] 日中に強い眠気がある
- [ ] たびたび頭痛や腹痛が起きる
- [ ] 休日は遅くまで寝ている（起床時間が平日より2時間以上遅い）
- [ ] 起立性調節障害の診断を受けている

参考：厚生労働省eヘルスネット

良い眠りをとるための改善策

□ 毎日同じ時刻に起床

- 眠気は、起床直後の「太陽の光」を浴びてから14〜16時間後にくるので、起床時刻が重要です。
- 休日に平日と2時間以上違う時刻に起床・就寝すると入眠時間が遅くなり、次の日の起床がつらくなります。日本にいて時差ボケという状態です。

> **対策** 休日も平日と同じ時刻に起床・就寝します。夜、よく眠れなかったからといって遅くまで寝ていないで、同じ時刻に起きるようにします。

□ 朝は、起床後すぐに光を浴びて、空を見る

- 青い光は、脳の奥まで浸透し脳を目覚めさせます。
- 起床直後に光を浴びると体内時計がリセットされます。
- 夜の自然な眠気は、起床直後の「太陽の光」を浴びることによってメラトニンという眠気のホルモンが14〜16時間後に分泌されることによって起こります。

> **対策** 寝室のカーテンは、遮光カーテンではなく自然な太陽の光が入る程度のものにします。日光は直接浴びなくても窓際1mくらいのところで食事をする程度で十分です。朝の青い空を見上げてください。気分も変わります。

☐ 昼寝は上手にする

 15〜20分の短い仮眠をすすめます。机にうつぶせになる方法がおすすめです。

☐ 規則正しい食事をとる

● 朝食をきちんととる

 規則正しく朝食をとっていると、その1時間前から消化器官が動き始め、朝の目覚めをよくします。朝食にとりたいものは、トリプトファンが多く含まれる大豆加工品、乳製品、ナッツ類、魚、肉、鶏卵、バナナなど。夜には睡眠を促すホルモン（メラトニン）に変化します。朝食をしっかり食べると夜ぐっすり眠ることができます。

● 就寝直前の食事は控える

☐ カフェインは夕方から控える（就寝前にカフェインを含んだものを摂取する習慣がある場合）

 コーヒー、紅茶、緑茶、コーラ、ココア、チョコレート、栄養ドリンクなどに含まれる「カフェイン」には覚醒作用があり、中途覚醒を増やして総睡眠時間を減らします。カフェインの覚醒作用は摂取からおよそ30分で現れ、4〜5時間持続します。カフェインには利尿作用もあるため、尿意で目が覚めて中途覚醒する原因となります。
4〜5時間前のカフェインを含むものの飲食は避け、カフェインを含まない水や麦茶などを飲むようにします。

☐ 入浴はぬるめのお湯で

● 40℃前後のぬるめのお湯につかると、体温の下降とともに入眠しやすくなります。リラックス効果もあります。

☐ 夜、明るい光を浴びすぎない

● 夜間に明るい光を浴びすぎると、睡眠のためのホルモンであるメラトニンの分泌が抑えられ眠れなくなります（特に夜8〜10時は影響を受けやすい）。

 夜、コンビニなどの光は浴びない。1時間前には部屋の明るさを少し落とすようにします。
夜間遅くのスマートフォンやテレビ、パソコンはしないようにします。

☐ 眠たくなったら寝床へ（眠れない場合）

 眠れないのに寝床にいるとかえって入眠しにくくなるので、およそ15〜20分以上眠れなかったら寝床から離れて自分なりのリラックス法を実践するようすすめます。睡眠以外の目的で寝床に入らず「寝床」＝「睡眠をとる場所」とすることも重要です。
万一、眠れなくても翌日の起床時間はいつもどおりにするようにします。

参考資料：志村哲祥監修・解説／宇田川和子企画協力「DVD睡眠障害のしくみと学校での対処方法〜正しい睡眠指導で生徒の未来をつくる」ジャパンライム
内山真『睡眠障害　うまく寝るための知恵とコツ』(2003年) 家の光協会

便秘 なめたらアカン！

便秘ってどんな状態のことを指すのか知っていますか？

　実は、週に何回排便があればよいかは定まっていません。便秘とは、「便が滞った、または便が出にくい状態」であると定義されています。また、「便秘による（身体）症状が表れ、診察や治療を必要とする場合」を「便秘症」とも定義しています。

便秘の原因：大きく分けて二つあります。

> **器質的便秘**
> 原因がはっきりした便秘。
> 腫瘍ができたために腸が狭くなって
> 起こる便秘などがある。

> **機能性便秘**
> 特定の原因がないのに
> 腸の動きが悪くなって起こる便秘。
> 多くの人の便秘はこちら。

　便通は食習慣や運動習慣にも左右されます。繊維質や水分の少ない食事が便秘になりやすいとされています。

便秘を解消するためにできること

できる範囲で体を動かす

体を動かすことは腸に刺激がいき、排便を促す効果があります。おなかを優しくマッサージしたり、腰やおなかを温めるのも効果的です。

食物繊維の多い食事を

便秘の改善には食物繊維を多く摂るのが効果的です。食物繊維は主に**豆類、きのこ、海藻、果物**などに多く含まれます。また、**ヨーグルトのような乳酸菌などの生きた微生物を含む食品**は、適正な量を摂ると便秘を和らげる効果があるといわれています。

水分を摂取する

水分を十分に摂り、脱水を予防することは便秘の予防にも効果的です。水分量の目安は、個人差がありますが、一般的には**1日に1.5リットル**程度です。

落ち着いて排便できる環境を

便意を感じたら**我慢せずにすぐにトイレに行**きましょう。我慢し過ぎると腸の活動が悪くなり、便意を感じにくくなります。また、便意がなくても**毎日決まった時間にトイレ**に行き、排便する習慣をつけるのもよいです。

生活リズムを整える

排便の習慣を整えるためにも生活リズムを整え、十分に睡眠をとることが大切です。

下痢と便秘を繰り返していませんか？

　慢性的に下痢と便秘が腹痛とともに続く場合、**過敏性腸症候群**の疑いがあります。これは、アメリカやイギリスなどのストレスの多い先進国に多く、検査で異常がみられないのに下痢と便秘を繰り返すものです。過敏性腸症候群は脳と腸が過敏になっています。腸が過敏なために痛みを感じやすく、蠕動運動も異常になり、下痢と便秘が生じるのです。その原因として、粘膜バリア機能が弱まっていること、粘膜の炎症、特徴的な遺伝子、腸内細菌の変化などがあります。

（25ページも参考にしてください）

参考資料：日本消化器病学会の健康ニュース「消化器のひろば」（2012、2016年）
　　　　　国立がん研究センター がん情報サービス
　　　　　日本小児栄養消化器肝臓学会編『小児慢性機能性便秘症 診療ガイドライン』（2013年）診断と治療社

規則正しい食事と食物繊維が、便秘を追放！

まずは、規則正しい食事を心がけてください。特に、朝食抜きは禁物！　そして食物繊維・水分・適量の油が快便のミカタ。

運動不足を解消し、がまんせずに規則正しい排便リズムをつくることも大切です。朝は必ずトイレへ。

快便生活の食事

1. 規則正しく食べてこそ

規則正しい排便を望むなら、毎日の食事から規則正しく！　規則正しく食べてこその規則正しい排便です。特に、朝食は必ずとりましょう。

胃に食べ物が入ると、腸が刺激されて動き出し、スムーズな排便につながります。

2. 水分を十分に！

水分を十分にとることも、快便につながります。日中、忙しさにかまけて水分不足とならないよう、お茶などを飲むことを忘れずに。また、朝起きがけにコップ1杯の冷水を飲むのもおすすめ。腸を刺激し、排便への合図となります。

3. 食物繊維が決め手！

食物繊維は水分を吸収して便を柔らかくして、便の量を増やしてくれます。スムーズな排便には、それなりの量が必要。食物繊維の多い野菜や海藻類をたっぷりとります。

Ⓐ メインディッシュにも野菜を
野菜やおからを加えたハンバーグ、刺身と野菜の盛り合わせ、野菜たっぷりのシチュー、肉と野菜の炒め物など

Ⓑ 副菜は必ず、野菜や海藻類を
切り干し大根、昆布やひじきの煮物、野菜のスープ、ゴボウの天ぷら、カボチャのスープ（裏ごししない）、ほうれん草のクリーム煮　など

Ⓒ 主食は、白米より繊維の多い穀類を

オートミール、そば、七分づき米、全粒粉のパン、ライ麦パン　など

Ⓓ 豆類・イモ類も忘れずに
さつまいもとリンゴの重ね煮、ゆであずき、納豆、ポークビーンズ　など

Ⓔ 果物も食物繊維が豊富

バナナ、ネーブルオレンジ、キウイフルーツなど

＊野菜はサラダで食べるより、火を通して調理したほうが、かさが減りたくさん食べることができます。

4. 適量の油をお忘れなく！

油は、腸での潤滑油となり、便を出しやすくしてくれます。ダイエットのための油抜きの食事が便秘につながることがあります。適量の油もお忘れなく！

便秘や下痢が
ひどい場合は、
便通ダイアリー（P24）
を持参して
受診しましょう

5. 酸味や香辛料で、腸に刺激を！

酸味のある食品、香辛料を使った食品も腸に刺激を与え、排便に効果的です。

下痢 まずは水分摂取と刺激の少ない食事が大切

お湯やお茶、スポーツドリンク、経口補水液などで水分をこまめに少しずつ補給しましょう。

 ポイント 1 食物繊維の多いもの、豆・芋類は少なめに
腸内でガスを発生し腸管を刺激するのでたくさん食べないようにします

 ポイント 2 香辛料、炭酸飲料、冷たいものはひかえましょう
胃腸に刺激を与えるのでできるだけひかえるようにします

 ポイント 3 脂質の多い食品や料理はひかえましょう
油分が多い食品は消化に時間がかかるため胃腸に負担がかかります

 ポイント 4 胃腸に負担がかからないように、1回に食べる量を少なく、
やわらかく調理したものを食べましょう

 ポイント 5 冷たいものの取りすぎに注意し、お腹を温めましょう
特に、下半身を冷やさないようにしましょう

参考資料：工藤孝広『子どもの胃腸病気百科』(2016年) 少年写真新聞社

便通ダイアリー

_____ 学校 ____ 年 ____ 組 氏名 _____　　　　　　　年　　　月

月／日	回数 正または数字で記入	便量 多、ふつう、少	硬さ 水、どろどろ、柔らかい、ふつう、硬い、コロコロ	腹痛 あれば○	お腹の張り あれば○	ガス あれば○	出血・血便 あれば○	薬・浣腸 したとき○	朝食 食べたら○	その他 他に異常やストレスなど気づいたことがあれば文字で記入してください
／										
／										
／										
／										
／										
／										
／										
／										
／										
／										

過敏性腸症候群（IBS）

検査をしても異常が見つからないのに、下痢や便秘や腹痛が繰り返して起こり、普通の生活をするのも難しくなっている状態を過敏性腸 症候群（かびんせいちょうしょうこうぐん）（IBS：irritable bowel syndrome）といいます。

ただし、過敏性腸症候群と診断されても病気の原因が同じとは限りません。よく似た症状（下痢、便秘、腹痛）を繰り返して起こす場合をまとめて過敏性腸症候群と呼びます。

どんな病気なの？

腹痛、お腹のはり、下痢と便秘の繰り返し、おならが出てしまう、お腹が鳴る、などの症状があります。

原因はなんだろう？

不明。個人個人で原因は少しずつ違って、また一つだけの原因ではないかもしれません。しかし、細菌やウイルスによる感染性の胃腸炎にかかった場合、回復後にIBS（過敏性腸症候群）になりやすいことが知られています。

❶ ストレス

ストレスを受けた時に悪化します。ストレスで腸が過敏になってしまうことが、主な原因とされています。

❷ 腸内細菌による腸粘膜の軽い炎症

健康な人は、1kg 1,000種類以上の腸内細菌をもっているといわれています。腸内細菌の種類や量が変わってバランスが崩れると、細菌は腸の粘膜に炎症を引き起こしたりします。

対応・治療方法は？

❶ 食事の改善

脂っこい食事や、香辛料をたくさん含む食事は、下痢の症状を起こしやすいので、避けます。

小麦やハチミツ、ひよこ豆、リンゴ、ナシ、タマネギ、ブロッコリー、カリフラワーなどは、フルクタンやオリゴ糖、ポリオールを多く含み、下痢を起こしやすいので避けます。

便秘型のIBSには、食物繊維が多い食事は効果があります。

❷ 生活習慣の改善

ストレスを減らすための休養、運動、良好な睡眠をとるようにします。

❸ 薬物による方法

腸内細菌のバランスを正常に戻す薬、抗菌薬、神経の働きを正常化するための薬、抗うつ薬、抗不安薬、抗アレルギー薬、漢方薬など、さまざまな薬物が症状に合わせて使われます。

❹ 専門家による心理療法

集団療法やリラクゼーション、ストレスマネジメント、認知行動療法、対人関係療法、催眠療法などがあります。

参考資料：厚生労働省ｅヘルスネット、伊藤克人『過敏性腸症候群の治し方がわかる本』（2011年）主婦と生活社

高血圧は「サイレントキラー（沈黙の殺人者）」

血圧とは、血液が動脈の壁にかかる圧力のことです。

高血圧は自覚症状がほとんどないまま進行するので「サイレントキラー」とも呼ばれています。そのまま放置していると血管が硬くなる動脈硬化が進行し、心筋梗塞、脳梗塞、腎不全を引き起こします。

高血圧の基準値は？

		収縮期血圧 （mmHg）	拡張期血圧 （mmHg）
幼児		120以上	70以上
小学生	低学年	130以上	80以上
	高学年	135以上	
中学生	男子	140以上	85以上
	女子	135以上	80以上
高校生		140以上	85以上

JSH2014より

小児高血圧の症状

頭痛、嘔気（はきけ）、嘔吐、視覚異常、けいれん、意識障害などがあります（軽度の場合には無症状）。

小児高血圧の種類

①原因が不明である「本態性高血圧」

家族に高血圧の人がいたり、本人が肥満だったりするとリスクが高くなります。

②病気が原因である「二次性高血圧」

原因としては、最も多いのは腎臓に関するものです。内分泌の病気（ホルモンが出過ぎる）も多く、甲状腺機能亢進症、大動脈狭窄症などがあります。

高血圧にならないために まずは生活習慣を見直しましょう

- 適度な運動をしているか、十分な睡眠時間がとれているか、食事の塩分制限に気をつけているかなど、生活習慣を見直し、改善しましょう。
- 野菜に含まれるカリウムは、塩分の排出を促進させ血圧を下げる作用があります。積極的にとりましょう。

カリウムが多く含まれる食材

野菜
ほうれん草、小松菜、カボチャ、大根、れんこん、アボガド等

果物
バナナ、もも、メロン、キウイ、柿、りんご等

豆類
あずき、枝豆、そら豆等

芋類
里芋、さつまいも、じゃがいも等

海藻類
ひじき、わかめ、昆布等

- 食事の内容だけでなく、間食や遅い時間の食事、就寝前の食事はやめるなど、食習慣を改善しましょう。
- 肥満ぎみの人は、体重を減らす努力をしましょう。
- 運動は肥満の解消だけでなく、直接的な降圧作用があります。

※二次性高血圧の場合は、運動を控える場合があるので主治医に確認が必要です。

＊保健室で定期的に血圧を測りますので、来室してください

参考資料：厚生労働省HP、日本高血圧学会『高血圧治療ガイドライン』ライフサイエンス出版

本当に必要？ ダイエット

　本当は太っていないのに、「やせたい」「細くなりたい」と思い、無理なダイエットをする人が増えています。
　今の皆さんは、骨格・血液・内臓・筋肉などを形成して、充実させていく時期になります。極端なカロリー制限などにより、十分な栄養がとれていないと、全身の発育・発達にも悪影響を起こしてしまうことを忘れないでください。

思春期のダイエットはなぜ危険なのか？

- 神経性やせ症（拒食症）のきっかけになることが多い
- 急激なダイエットにより体脂肪が急激に減少すると、女性ホルモンが減少し、「月経不順」から「無月経」になり、将来、不妊症の原因になることがある

慢性の栄養失調は、「体」「心」「人格」に影響を与えます

体

無月経　月経不順　便秘　下痢
低血圧　脈が遅い
低体温・冷え・寒がり　皮膚の乾燥
うぶ毛の増加・脱毛　むくみ
走れない・階段の登りがきつい
など

心

やせの反動で
食べ物のことばかり考える
判断力がにぶる　こだわりが強くなる
悲観的な考えをする
会食ができない
など

- 無月経が続くと女性ホルモンが減少して、疲労骨折しやすくなったり、将来、骨粗しょう症や高脂血症を発生しやすくなります。
- 栄養不足で貧血や低血圧も見られます。エネルギーを外に発散させないように甲状腺ホルモンが低下し、髪が抜けやすくなり、便秘、手足の冷え、むくみが出やすくなります。
- 体重低下が進むと肝機能障害や代謝障害から生命が危ないこともあります。

嘔吐すると、さらに

- 脱水症状になります。
- 唾液腺がはれ、顔がむくんで見えます。
- 歯がボロボロになります。
- 消化・代謝機能が落ち便秘にもなりやすいです。
- 電解質（ナトリウム、カリウムなど）のバランスがくずれて、筋肉の収縮異常や不整脈につながります。

参考資料：厚生労働科学研究費補助金「摂食障害に関する学校と医療のより良い連携のための対応指針」

摂食障害 あなたは大丈夫?

神経性やせ症（拒食症）チェック

● **まずは標準体重の計算**（単位kg）：平田法

標準体重の出し方

身長160cm以上の場合	（身長－100）×0.9
身長150〜160cmの場合	50＋（身長－150）×0.4
身長150cm以下の場合	身長－100

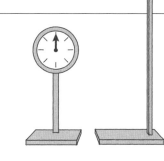

- 身長 _____ cm
- 体重 _____ kg
- 標準体重 _____ kg

- 標準体重比（%）
  体重(kg)÷標準体重(kg)×100＝ _____ %
  ＊80%以下だと拒食症が疑われる

● **上記をもとに、以下をチェックしてみましょう**

☐ 標準体重の80%以下（やせ）が３か月以上続いていますか？

☐ 小食、過食（一時的な大食、隠れ食い）があり、食行動がおかしいと、周りの人に言われますか？

☐ 今の体重でもまだ重いと思えたり、顔や下半身が太いと思ったりし、これ以上体重を増やしたくないですか？

☐ 痩せる内科的な病気がないと言われていますか？

＊アメリカ精神医学会のDSM-5（精神疾患の国際的な診断基準）に基づいているため、無月経の項目は入っていません。

神経性過食症（過食症）チェック

☐ 少なくともこの３か月間に、１週間に平均１回のむちゃ食いを繰り返していますか？

☐ むちゃ食いのあいだ、摂食行動を自分でとめられないという感じがありますか？

☐ 体重増加を防ぐため、いつも自分で吐いたり、下剤や利尿剤の使用、厳格な食事制限や絶食、または激しい運動を行なっていますか？

☐ 体形や体重についてとても関心がありますか？

参考資料：日本摂食障害学会「拒食症の理解と治療のために」(厚生省〈現厚生労働省〉特定疾患・神経性食欲不振症調査研究班)
アメリカ精神医学会のDSM-5（精神疾患の国際的な診断基準）
『栄養素の働きハンドブック』(2019年) 日本摂食障害協会

＊受診する場合は、資料編145ページの病院検索サイトのHPを参考にしてください

＊以下の「摂食障害スクリーニングテスト（日本語版 EAT-26）HP（edportal.jp）」も参考にしてください
小学生版 primary_school.pdf 　　中学生版 junior_high_school_05.pdf 　　高校生版 high_school_05.pdf

きちんと食べて ベスト体重＆ベスト体調をつくる

代謝アップで、太りにくい体質へ！

　冷えにしろ、便秘にしろ、太りやすい人というのは、代謝が落ちやすい人。つまり、代謝を上げることをすれば良いのです。ただし、継続して行なわなければ、上げた代謝を維持することはできないため、生活習慣として身につけやすいものであることが肝心。朝食をとる、0時前に寝るなど、普段のちょっとしたいい習慣を心がけることで、太りにくい体質が手に入ります。

　太りやすい、と感じている人は、今すぐ、生活習慣の見直しを！

今日から始められる3つの生活習慣　負のスパイラルを断つ！

❶ 0時前には就寝する

　成長ホルモンは良質な睡眠をとることで多く分泌され、細胞の修復や筋肉の合成を促進。基礎代謝をアップさせます。また、早く就寝することで、朝の目覚めもスッキリするので活動的に動けるようになり、エネルギー消費量もアップします。

❷ 朝食をとる──朝食を抜くと5倍太りやすい

　朝食をとると、体内時計がリセット。体が活動モードに切り替わります。朝の低い体温を上げ、代謝アップの効果も。

　3食をきちんと食べるようになると、空腹時間が長くないため、省エネモードにならず、エネルギーが消費されやすい体になります。飢餓の時間が長いと筋肉を壊してエネルギーをつくるために筋肉が減ります。エネルギー消費が一番多いのは筋肉。そのため、筋肉が減ると代謝が低下します。

　食事の配分の理想は「朝食4・昼食4・夕食2」くらいだそうです。夜は寝る3時間前には食べ物を口にしないこと。寝る前に食べると余分な脂肪が体に蓄積されやすくなります。

朝の体内時計リセットの仕組み

❶ 目に光の刺激
　脳が働き始め、目覚める

❷ 消化器に朝食の刺激
　消化器が働き、
　体温が上がる
　（起床後1時間以内に
　朝食をとりましょう）

＊❶❷で、起床後16時間後には眠くなります！

❸ たんぱく質をとる

　たんぱく質は筋肉の材料として不可欠。しっかりとることで、筋肉の修復や合成が促されます。筋肉が増えれば基礎代謝も上がります。

　また、脂質や糖質に比べ、たんぱく質を消化・吸収する際は、より多くのエネルギーを使います。そのため、体温が上がり、代謝が活発に。ただし、バランスも大事です。

Q 塾に行っているので、どうしても夕食が遅くなる。どうしたらよい？

A 夕方にチーズやおにぎりなど腹持ちの良いものを軽く食べておいて、夕食は野菜や海草類等の低エネルギーで脂肪分の少ないものがおすすめ。野菜スープなどもよいでしょう。

Q どうしてもお腹がすいて夜食を食べてしまう。どうしたらよい？

A 頭でわかっていても、深夜の空腹感には耐えがたいものがありますね。どうしても食べたいときは、ラーメンやファストフード、スナック菓子などの脂っこいものは避けて、消化の良い牛乳（温めて）や卵、果物を少量とるようにしたらよいでしょう。

健康やせのコツとポイント

成功のポイント

❶ 目標を持つ

いつまでに、何kgやせ、何をしたいとか、こんな洋服を着たいなどの具体的な目標を持ちましょう。

❷ 成功後の自分をイメージする

やせた後の自分のボディラインや毎日楽しく過ごしている姿を常にイメージしましょう。

❸ やせ仲間をつくる

共感できるやせ仲間をつくりましょう。

❹ からだを冷やさない

日常生活の中で、体を冷やさない習慣や食事を身につけましょう。

健康ボディをつくる食事アドバイス【基本8ヶ条】

❶ 食事は1日3回、20分くらいかけ、よく噛んでゆっくり食べ、腹八分目を心がけましょう。

❷ **1日の食事量を10とした場合、朝4：昼4：夜2のボリュームバランスで食べましょう。**

❸ 5大栄養素のたんぱく質、炭水化物、脂質、ビタミン、ミネラルと、第6の栄養素といわれる食物繊維をバランスよくとりましょう。

❹ 和食中心を心がけ、旬の食材を積極的に食べましょう。旬の食材は栄養価が高いです。

❺ 乳製品（脂質）果物や甘いもの（糖質）は、昼までに食べましょう。

❻ **夜は炭水化物（米、麺、パン）やからだを冷やす生野菜は少しにしましょう。**

❼ 1日の水分量は、夏コップ8杯（約1.6リットル）冬コップ7杯（約1.4リットル）を目安に。ただし、スポーツをしている人は別です。もっととってください。

❽ **就寝3時間前までに飲食を終えましょう。**

健康やせライフスタイル【基本4ヶ条】

❶ 規則正しい生活、十分な睡眠、毎日排便の習慣を心がけましょう。

❷ **体重計には、朝と夜を基本に1日2回以上乗りましょう。同じ時間帯の測定値を記録することで、体重変動が実感できます。**

❸ シャワーだけでなく、必ず湯船に入りましょう。

❹ 日常生活でもこまめにキビキビ動き、エレベーターやエスカレーターより階段を使いましょう。

毎日ノートに記録します（体重の変動がわかります）。

日付		イベント		言い訳・その他	
朝食時間		食べた物		朝の体重	kg
昼食時間		食べた物		夜の体重	kg
夕食時間		食べた物		排便	あり ・ なし
間食	あり（　時　分）・ なし			生理中	はい ・ いいえ

朝食は何を食べていますか?

　時間がない朝はついつい簡単に済ませてしまいがちな朝食ですが、みなさんは何を食べていますか?

　「とりあえず食べないよりはいいからトースト1枚!」「朝は起きられないからプリンだけ…」。身に覚えのある人はいませんか?

　脳が活発に動くためにはブドウ糖が必要です。眠っている間に絶食状態だった体はブドウ糖が少なくなっているため、朝食の時に炭水化物をとる必要があるのです。

　「食べないほうが摂取カロリーが減るからやせるし…」「ブドウ糖を摂ればいいならパンだけでもいいんだね!」

　……はたしてそうでしょうか??

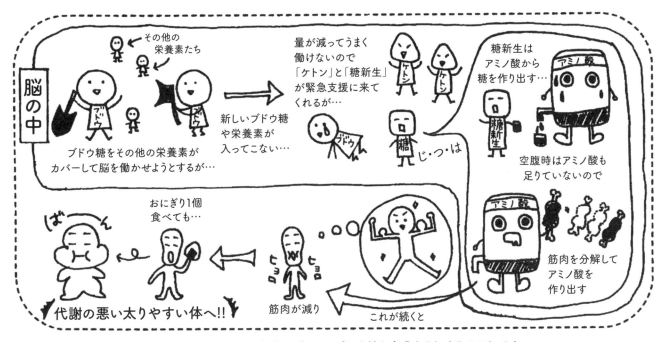

＊糖新生とは、ブドウ糖以外の物質(アミノ酸、乳酸など)からブドウ糖を合成するしくみのことです。

　このように、朝食を抜くと**脳が活発に動かないだけでなく、筋肉を衰えさせ、太りやすい体**になります。

　前の夜の7時に夕食をとった翌日、朝食を抜いて昼の12時に昼食をとった場合、脳への栄養(ブドウ糖)は17時間供給されないことになります。

　また、炭水化物だけでなく、**バランスよく食べて他の栄養素も摂取しないとブドウ糖がうまく働かず、朝食を食べていない状態と同じ**になってしまいます。

毎日バランスよく食べよう!

鉄欠乏性貧血　こんな症状が現れたら貧血を疑ってみる

　貧血は徐々に進行していくので症状もはっきりしたものがありません。なんとなく頭が痛い、肩がこる、疲れやすい、動悸や息切れがする、顔色が悪い等、体調の悪さを体質と思っている場合もあり、貧血と気づかないまま生活している人が多いといわれています。

　鉄欠乏性貧血は男子より女子に多く、脳に行く血液の量が減る脳貧血とは違います。

貧血の検査

　貧血かどうかの診断には血液検査が必要です。

　血液中には、赤血球、白血球、血小板がありますが、これらの数字の測定が重要。特に、ヘモグロビンを含む赤血球の検査が必要で、赤血球数、ヘマトクリット値、ヘモグロビン値で貧血の種類を診断します。

ヘモグロビン値に要注意！

　酸素を運ぶヘモグロビン量が少ないのが鉄欠乏性貧血です。いわゆる、血が薄いという状態です。

　ヘモグロビンはヘム（鉄を含む赤い色素）とグロビン（タンパク質）からできています。ヘム、つまり、鉄が不足することで起こる貧血です。鉄が不足すると体全体へ運搬される酸素が足りなくなり、貧血症状が起こります。

鉄欠乏性貧血の人はこんなに多い！

　女性だけではなく運動をやっている人にも見られます。

スポーツ性貧血

　ランニングを続けていると貧血になることがあります。それまで快調であったのに急に走れなくなった、調子が上がらない、疲れやすい…。スポーツ性貧血の主な原因は、足底に負荷のかかるハードな運動の結果、赤血球が壊れ、血中の鉄分が流出するということが考えられます。また、発汗、血尿、消化管からの出血等による鉄喪失もあります。

　スポーツをしている人は失われる以上の鉄分を補うことが必要です。

鉄欠乏の症状

- 爪のアーチが少ない（スプーン状）
- 爪が割れやすい
- 爪が柔らかい
- 硬いものを噛みたくなる（氷、せんべい、あめ、爪、鉛筆など）
- 寝床で脚がむずむずして眠れない（立ち上がって歩くと異常感覚が軽減する）
- あざができやすい
- 乾燥肌
- 髪の毛が抜けやすい
- 疲れやすい

- 頭痛・肩凝りがある
- 集中力がない
- 落ち着きがない
- あかんべいをした時、下まぶたが白っぽい
- 顔色が悪い
- 倦怠感
- 動悸・息切れ
- 立ちくらみ

食事である程度、予防・改善できる──ポイントは鉄！

　鉄分を含む食品をただ食べるだけではなかなか改善が期待できません。ポイントは鉄の吸収を促す栄養を多く含む食品と組み合わせてとることです。

ヘム鉄（動物性食品に含まれる）　：吸収されやすい　　　　　} 吸収を促進する食品と組み合わせる
非ヘム鉄（植物性食品に含まれる）：吸収されにくい

鉄の吸収を促進する栄養素を多く含む食品

①タンパク質を多く含む食品：動物性タンパク質（魚・肉・卵）、植物性タンパク質（大豆製品）

②銅を多く含む食品：貝類、ごま

③ビタミンB6を多く含む食品：イワシ、カレイ、卵黄

④ビタミンB12を多く含む食品：レバー、魚の血合い、納豆、卵黄、チーズ

⑤ビタミンCを多く含む食品：野菜、いも、果物

⑥葉　酸：牛レバー、豚レバー、卵黄、大豆、納豆、ブロッコリー

食品について、調べてみましょう！

鉄を多く含む食品

レバー（豚・鶏・牛） 牛もも肉 レバーペースト	ハマグリ（つくだ煮） カツオ ワカサギ ニジマス カキ アサリ イワシ丸干し	大豆 高野豆腐 納豆 きな粉 湯葉（生）	ほうれん草 小松菜 切り干し大根 いんげん豆（乾燥） 枝豆 パセリ
ひじき（干し） ごま（炒り）			

バランスのよい食生活がすべての基本

　朝食抜きやインスタント食品は貧血への近道です。ファーストフードやレトルト食品等は、どれも脂肪や糖質が多く含まれ、ビタミン類や良質タンパク質に欠けていて、鉄分も不足しています。

　昼食を菓子パンやジュースやおにぎりなどで済ませた日の夕食は、栄養のバランスを考え、鉄分の多い肉類とビタミンＢ群、葉酸（ようさん）（水溶性ビタミン。ほうれん草などの緑葉野菜に含まれる）の多い野菜類を組み合わせたおかずで、ごはんをしっかり食べるように心がけましょう。鉄なべを使って調理するのも効果的です。

参考資料：『家庭の医学』（2018年）主婦の友社

食中毒の危険性 あなたの周りにも潜んでいるかも!

　食中毒はほぼ1年中起きていますが、特に気温や湿度が上がってきたころに気をつけてください。食中毒と聞くと、飲食店や屋台で起こるイメージがあるかもしれませんが、毎日食べている家庭での食事でも発生します。ふだん家庭で当たり前にやっていることが、思わぬ食中毒を起こす可能性もあります!

　今回は家庭での食中毒予防について一緒に考えていきましょう。

食中毒の原因は「細菌」と「ウイルス」

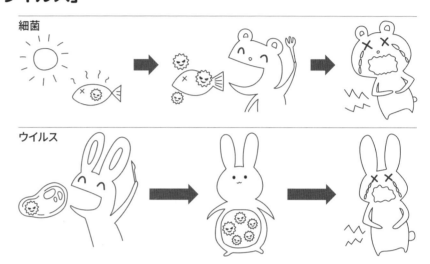

　細菌もウイルスも目には見えないくらいとても小さいものです。細菌は温度や湿度などの条件がそろうと食べ物の中で増殖し、その食べ物を食べることにより食中毒を引き起こします。

　一方、ウイルスは細菌のように食べ物の中で増殖しませんが、食べ物を通じて体内に入ると、人の腸の中で増殖し、食中毒を引き起こします。また、ウイルスは低温や乾燥した環境で長く生存します。

食中毒の起こりやすい時期

　食中毒と聞くと、あたたかくなってきた時期に増えてくるイメージがありませんか?　実は、細菌とウイルスでは起こりやすい時期が違います。

原因	発生しやすい時期	発生しやすい状況
細菌	5月～9月 湿気を好むため、湿度と気温が高くなる梅雨時に増える。	室温（約20℃）で増殖し始め、体温ぐらいの温度で増殖のスピードが最も速くなる。
ウイルス	12月～3月	低温や乾燥した環境で長く生存する。

　上の表を見てわかるように、食中毒はほぼ一年中起こっています（農林水産省HPより）。

台所に潜む原因菌

　食中毒の原因となる細菌やウイルスは目に見えないため、どこにいるかわかりませんが、わたしたちの周りの至るところに存在している可能性があります。

　肉や魚などの食材には、細菌やウイルスがついていると考えましょう。また、さまざまなものに触れる自分の手にも、細菌やウイルスがついていることがあります。その手を洗わずに食器や食材を触ると、手を介してそれらにも細菌やウイルスがついてしまいます。

　きれいにしているキッチンでも、食器用スポンジやふきんなどは細菌やウイルスがつきやすい場所だと言われています。

食中毒を防ぐには

食中毒は、原因となる細菌やウイルスが食べ物に付着して体内に入り込むことで発生します。食中毒を防ぐには、体内に入らないようにすることが重要です。また、細菌とウイルスでは、予防方法が少し違いますので、それぞれの予防の仕方を覚えておきましょう。

細菌の場合　「つけない」「増やさない」「やっつける」

1 「つけない」＝洗う、分ける

手にはさまざまな雑菌がついています。食中毒の原因菌を食べ物につけないように、右のような時は必ず手を洗いましょう。

生の肉や魚を切ったまな板や包丁でそのまま別の食材を切ると、菌が付着する可能性がありますので、調理器具はそのつどきれいに洗い、熱湯をかけて殺菌しましょう。まな板の片面を肉・魚用と野菜用等に分けましょう。

> **手を洗うタイミング**
> - 調理を始める前
> - 生の肉や魚・卵などを取り扱う前後
> - 調理の途中でトイレに行ったり鼻をかんだりした後
> - 動物に触れた後
> - 食事の前　　　　　　　　など

2 「増やさない」＝低温で保存する

細菌の多くは高温多湿な環境で増殖しますが、10℃以下では増殖がゆっくりになり、−15℃以下では増殖が停止します。肉や魚などの生鮮食品や惣菜は、購入後早めに冷蔵庫に入れましょう。

しかし、冷蔵庫に入れても菌の増殖はゆっくり進みますので、早めに食べることが大事です。すぐに使わない食材は冷凍するほうがよいでしょう。

3 「やっつける」＝加熱する

ほとんどの細菌やウイルスは加熱によって死滅しますので、肉や魚はもちろん、野菜なども加熱して食べれば安全です。特に肉は、中心まで加熱することが大事です（75℃で1分以上加熱が目安）。もちろん、食材自体が傷んでいるものは加熱しても意味がないことがありますので、買ってきたものはなるべく早めに食べることが大事です！

ウイルスの場合　「持ち込まない」「ひろげない」

ウイルスの場合は、上記細菌の予防方法1〜3に加えて下記の2つの予防方法があります。

1 「持ち込まない」＝健康状態の把握・管理

そもそもウイルス自体を調理場に持ち込まないことが大事です。ウイルスを保有している人は嘔吐や下痢、発熱の症状がありますので、そのような症状がある人は調理を行なわないようにしましょう。

2 「ひろげない」＝手洗い、嘔吐物の正しい処理

万が一、ウイルスが家庭内に持ち込まれていても、それが食品に付着しなければ食中毒に至ることはありません。そのために、家族全員がこまめに手洗いをすることが最も重要です。もし、家族が嘔吐した場合はウイルスが広がる可能性がありますので、**すぐに嘔吐物にペーパータオルや新聞紙などをのせてウイルスが空気中に拡散しないようにして、換気をしてください。次亜塩素酸ナトリウム溶液（キッチンハイターなど）をかけてすぐにゴミ袋に入れて密閉**しましょう。マスクと手袋も忘れずにつけてください。

参考資料：厚生労働省HP

感染性胃腸炎（ノロウイルス）に注意を！

　感染性胃腸炎は年間を通じて発生しますが、特に冬に多く発生します。主な原因としてはノロウイルスが知られています。

ノロウイルスとは

ヒトの小腸で増殖し、嘔吐（おうと）や下痢（げり）などを起こすウイルスです。

感染性胃腸炎の特徴

- 潜伏期間は24〜48時間です。
- 主な症状は下痢、嘔吐、吐き気、腹痛、発熱（38℃以下）。通常これらの症状が1〜2日続いた後に治癒（ちゆ）して、後遺症もありません。発症してもかぜのような症状の場合もあります。
- 少量のウイルスで感染するといわれ、感染力は強いです。
- 感染したにもかかわらず症状が現れない不顕性（ふけんせい）感染者もみられます。

感染経路

- ノロウイルスが大量に含まれる患者のふん便や嘔吐物からヒトの手を介して二次感染した場合
- ウイルス保有者（不顕性感染者を含む）を介して汚染した食品を食べた場合
- 汚染されていた二枚貝（カキ）を生、あるいは十分に加熱調理しないで食べた場合
- ノロウイルスに汚染された井戸水などを摂取した場合

家庭での対応について

- トイレの後、料理の前、食事の前には、石けんで手をよく洗い、使用するタオルなどは清潔な物を使いましょう。
- 加熱が必要な食品は中心部までしっかり加熱しましょう。
- 感染の疑いがある人の入浴は、ひかえるか最後にしましょう。
- **＊感染の疑いがある場合は、病院に受診をお願いします。**

感染性胃腸炎と言われたら

　すぐに学校に連絡してください。出席停止扱いで欠席にならない場合があります。その場合は、登校する前に、病院の「治癒証明書」が必要です。「治癒証明書」は、病院の用紙でも学校の用紙でもかまいません。

　また、回復しても、便の中に2〜3週間はウイルスを出しているといわれています。人に感染させないよう、石けんでよく手を洗ってください。

＊資料編132ページの「食中毒」も参考にしてください。

嘔吐物、排泄物の処理のしかた

　感染性胃腸炎を引き起こすノロウイルスは、10～100個単位のウイルスが体の中に入っただけでもうつってしまうほど、感染力が強いです。嘔吐物の中には、100,000,000個（1億個）のウイルスがいるとされています。学校内や家庭内で感染しやすいので、正しい処理の仕方をおぼえておきましょう。

　嘔吐物処理に使用する使い捨て手袋や消毒液（次亜塩素酸ナトリウム水溶液）などのセットは、保健室・職員室に常備しておきます。

準備するもの

マスク

使い捨て手袋

ディスポーザブルエプロンかガウン、白衣

塩素系漂白剤（ハイター、ブリーチ等）

専用バケツ（塩素系漂白剤を薄めるために使用）

ペーパータオルか新聞（廃棄できるもの）

水

ビニール袋2枚

※下痢、嘔吐流行時はマスクを必ず着用

処理方法

①必ず使い捨て手袋を着けて行なう。

②衣服が汚染しそうな場合は、ディスポーザブルエプロンかガウン、白衣を着ける。
※ディスポーザブルエプロンやガウン、白衣がない場合、大きいビニール袋に頭と腕を通す穴を開け被る。

③ペーパータオル（新聞紙でも可）で汚物を包み込むようにとり、すぐビニール袋に入れ、次亜塩素酸ナトリウム水溶液*を注ぐ。

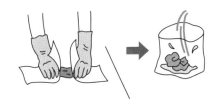

④床の汚染部とその周りを次亜塩素酸ナトリウム水溶液をしみこませたペーパータオル（新聞紙でも可）で拭き、5分後水拭きする。

⑤使用したペーパータオル等はすぐビニール袋に入れ密封する。

⑥2枚目のビニール袋に、⑤のビニール袋、手袋、エプロン、マスクを入れて廃棄する。

⑦手袋を外した後は、しっかり手洗いとうがい、換気を行なう。

*0.1％次亜塩素酸ナトリウム水溶液は、塩素系台所漂白剤（5％）の原液10ミリリットル（キャップ2杯）を500ミリリットルの水で薄めたもの

*資料編133ページの「次亜塩素酸ナトリウム消毒液の作り方」も参考にしてください。

参考資料：厚生労働省「学校における感染予防のための手引き」

月経（生理）の手当てをスマートにしよう

＊生理のことを医学用語では「月経」といいます。

　小学校初めての宿泊行事が近づいてきました。持ち物の準備は、もう始めましたか??

　宿泊行事に、家族はついてきてくれません。いつもとはちがう場所で、いつもだったら起こらないことも自分でやらなくてはなりません。

　そこで今日は、月経<ruby>月経<rt>げっけい</rt></ruby>の手当てについてお伝えします。まだ手当てをしたことがない人も、慣<ruby>慣<rt>な</rt></ruby>れている人も、スマートなふるまい方を身につけてください。

パンツに血がついている…!?　月経の始まりです!

　女の子の身体は思春期になると**胸がふくらむ、体つきが丸くなる、わきの下や性器のまわりに毛が生える**などどんどん大人の女性の体つきになります。

　パンツに白いねばねば〜としたものがつくことがあるかもしれません。それは「**おりもの**」といいます。膣<ruby>膣<rt>ちつ</rt></ruby>の中の汚れを出して、ばい菌が奥<ruby>奥<rt>おく</rt></ruby>に入らないようにしてくれるものです。これが始まると、おりものに赤いような茶色いような血が混じることがあります。これが「**初潮**<ruby>初潮<rt>しょちょう</rt></ruby>」で、月経のはじまりです。将来赤ちゃんが産めるような体になったサインです。

知っておきたい！

月経についてQ&A

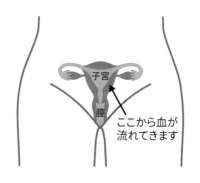

子宮

膣

ここから血が
流れてきます

Q 月経ってなあに？

A 子宮には、赤ちゃんが育つための血の膜<ruby>膜<rt>まく</rt></ruby>でできたベッドがあります。
その膜がはがれて膣から出てくることを「月経」といいます。月経で出る血のことを「経血」といいます。

Q 月経っていつから始まるの??

A 人によって違います。**10歳〜16歳の間に始まり、12歳ごろが多い**です。身長が150cm位、体重が42kgを超えたら手当ての準備をしましょう。

Q 月経が始まったらどうしたらいいの？

A 月経の手当てが必要です。おりものが出るようになったら、いつきてもいいように **「ナプキン・生理用パンツ」を用意**しましょう。ポーチに入れて人に見えないようにカバンに入れておきましょう。

Q 月経はいつまで続くの？

A 月経が始まったら、**28日おきに５日間位出血が続きます**（人によって違います）。それが50歳位まで約40年続きます。

月経の手当ての方法とマナー

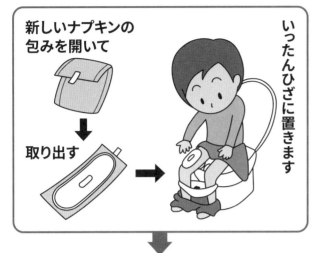

新しいナプキンの
包みを開いて

取り出す

パンツにあてます

いったんひざに置きます

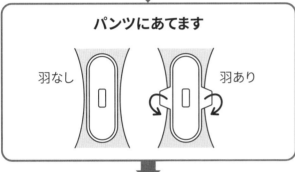

羽なし　　羽あり

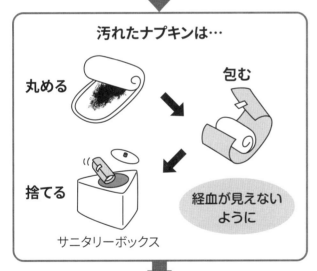

汚れたナプキンは…

丸める　　包む

捨てる

経血が見えない
ように

サニタリーボックス

トイレを出るときは、チェック!!

捨てたかな?　　忘れ物は
ないかな?

汚れていないかな?

宿泊行事の時に
準備しておいたほうが良いもの

☐ 使い捨てナプキン（多めに）

☐ 生理用パンツ

☐ ポーチ

☐ ビニール袋（トイレに捨てるボックスが
　ない時用。ポーチに入れておこう）

☐ 夜用ナプキン

月経になったら
湯船に入ってはいけないの?

いけないというわけではありません。水の中に
入ると血は出にくくなります。しかし、**温泉やプ
ールなど他人と一緒に使う場所で、一緒に入る
のはマナー違反**です。宿泊行事に重なりそうな
人は、先生に声をかけてください（入浴は、生理
中の人たちは後に、と考えています）。

　宿泊行事に月経が重なると誰でも不安
だし、困ると思います。
　何か困ったことがあれば担任の先生や
保健室の先生に声をかけてください。
　もし、近くのお友達が困っているのに
気づいたら、大きな声で言わずそっと助
けてあげられるといいですね。
　スマートなやり方で宿泊行事を楽しみ
ましょう♪

参考資料：早乙女智子『パワポ月経授業 そのまま使える』(2017年) 少年写真新聞社

正常月経と異常月経

＊生理のことを医学用語では「月経」といいます。

最終月経 一番最近の月経が始まった日を言います。

月経周期 月経１日目から、次回月経開始前日までを「月経周期（げっけいしゅうき）」と言います。

■月経周期の数え方

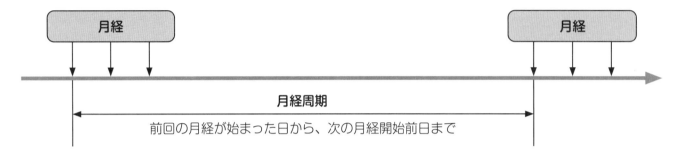

| 月経 | | 月経 |

月経周期

前回の月経が始まった日から、次の月経開始前日まで

■正常月経の目安

初経年齢	平均12歳
月経周期日数	25〜38日
出血持続日数	3〜7日（平均5日間）
1周期の総経血量	20〜140ml
閉経年齢	45〜56歳（平均50.5歳）

心配な出来事がある場合や月経異常が３か月以上つづくようなら、産婦人科医に相談しましょう

多のう胞性卵巣症候群（PCOS）とは（たほうせいらんそうしょうこうぐん）

卵巣で通常より多くの男性ホルモンが分泌されることによって卵胞（卵子とそのまわりの組織）（らんぽう）の成熟に時間がかかり、排卵しにくくなる病気です

■月経異常──受診の判断基準と疾患

	正常な月経	異常な月経	考えられる原因
月経の量	●昼用ナプキンで１時間、夜用ナプキンで２時間替えずにすむ	●ナプキンを替えなくてよい ●おりものシートで足りる ●昼用ナプキンで１時間、夜用ナプキンで２時間もたない日が２日以上続く ●量が多くて、夜間、布団を汚す	●ホルモンバランス不良（卵巣機能不全） ●器質的疾患（子宮筋腫、子宮内膜症）
月経の持続期間	●３日〜７日間	●１日〜２日で終わる ●８日以上続く	
月経の周期	●25日〜38日	●24日以内 ●39日以上	●ホルモンバランス不良（卵巣機能不全） ●多のう胞性卵巣症候群（PCOS） ●体重減少性無月経

参考資料：八田真理子『思春期女子のからだと心 Q＆A』（2020年）労働教育センター

＊異常月経と思ったら、産婦人科医に相談しましょう。

＊無料スマホアプリ「ルナルナ」で自分の生理日記をつけてみましょう。受診の際に参考になります。

月経と上手く付き合うために

＊生理のことを医学用語では「月経」といいます。

月経困難症とは?

月経のときに多くの女性が感じる月経痛…これが日常生活に支障をきたすほど重症なものを月経困難症といいます。

なお、月経開始の3～10日位前から起こり、月経が開始すると減退・消失する身体・精神症状をPMS（Pre Menstrual Syndrome　月経前症候群）といいます。ホルモンバランスの乱れや心理的ストレスなどが原因と言われています。PMS症状のうち、精神症状が強く出る場合を月経前不快気分障害（PMDD）といいます。

月経困難症の症状

身体症状：下腹部痛、腰痛、頭痛、悪心（はき気をもよおす）、嘔吐、下痢など

精神症状：イライラする、怒りっぽくなる、気分が落ち込むなど

月経困難症の原因

①**痛み物質の過剰分泌**…痛みの原因物質であり子宮の筋肉を収縮させるプロスタグランジンという物質が過剰に分泌されることにより、痛みを引き起こします。

➡痛みがひどくなる前に鎮痛剤を飲むことで痛みを軽減することができます。

②**冷えによる血行の悪さ**…冷えなどが原因で骨盤内の血のめぐりが悪くなり、神経を圧迫して痛みを引き起こします。

③**精神的ストレス**…月経に伴う不安や嫌悪感が痛みを増強します。

月経周期に伴いあらわれる症状

- 眠気
- 怒りっぽい
- 憂うつ
- 乳房痛
- おなかのはり
- イライラ
- 吐き気
- 腰痛
- 下腹部痛

- 頭痛
- 腰痛
- 吐き気
- 腹痛

参考資料：八田真理子『思春期女子のからだと心Q&A』労働教育センター

セルフケアで月経困難症は軽減できます!

月経困難症のセルフケア

❶ ストレスケア

音楽鑑賞やアロマテラピーなど、自分がリラックスできることをしましょう。
嫌だなぁ…という気持ちは痛みを増大させてしまうので、生理をプラスに考えましょう。

❷ 食事の見直し

温かい食べ物や飲み物（ココアや生姜湯）、血行をよくするビタミンE（かぼちゃやナッツ類）、身体を温める根菜類・冬野菜を積極的に摂りましょう。

ビタミンE

❸ 軽い運動

ストレッチや体操などの軽い運動を行なうことで、ホルモンのバランスが整い、足腰の血行がよくなります。また、普段から運動をしている人は生理痛が軽いという説もあります。

❹ 身体を温める

カイロ、入浴、服装等で温めると血行がよくなり痛みが軽減します。腰回りを冷やすミニスカートは厳禁!パンツスタイルや毛糸のパンツなどは腰回りの冷えを防ぎます。

＊**あまりにも症状が強い場合は、薬局等で薬剤師さんに鎮痛剤について相談してみましょう。**
　市販の鎮痛剤を飲んでもつらい症状が改善しない場合は産婦人科を受診し、医師に相談してみましょう。

＊受診の際、資料編131ページの「生理痛ダイアリー」も参考にしてください。

月経トラブルチェックリスト

痛み

1つでも症状があれば
婦人科を受診しましょう。

- ☐ 痛みで学校を休むなど、日常生活にも支障がある
- ☐ 鎮痛薬がいつも必要になる
- ☐ 市販の薬が効かない
- ☐ 以前より痛みが強くなった
- ☐ 生理痛で起きられないことがある
- ☐ 生理の時以外にも、下腹部や腰に痛みがある

過量月経

- ☐ 生理の出血が多い
  - ＊昼でも夜用のナプキンを使う日が3日以上ある
  - ＊普通のナプキン1枚では、1時間ももたない
  - ＊経血にレバーのような大きなかたまりが混じっている
  - ＊以前より経血量が増え、日数も長くなった
- ☐ 生理の時、血のかたまりが出る

過長月経

- ☐ 生理の期間が長い（8日以上）

不正出血

- ☐ 生理ではない時に出血がある

引用：八田真理子『思春期女子のからだと心 Q＆A』（2020年）労働教育センター

月経困難症の治療について

月経困難症の治療には、その人に合わせたいろいろな方法があります。まずは、医師に相談しましょう。
①鎮痛剤　②月経困難症治療薬（女性ホルモン薬）　③漢方薬

月経前不快気分障害（PMDD）チェックリスト

1）リストAとリストBの中から月経の前に出る症状をチェックしてください。

【症状リストA】

☐ うつ気分や落ち込みがひどい

☐ 不安、緊張感、どうにもならない、がけっぷちなどの感情がある

☐ 拒絶や批判に対する感受性が高くなったり、情緒的に不安定だったり、予測できなかったりする

☐ イライラしたり、怒りっぽくなったりする

リストAの中でのチェック数（　　　　）

【症状リストB】

☐ 趣味や日常活動に興味が薄れている

☐ 物事に対する集中力が薄れている

☐ いつもより疲れているし、活動性が低い

☐ 食欲が大きく変化したり、特定のものを食べ続けたりする

☐ 限界感、自己喪失感がある

☐ 生理前に以下の少なくても2つの症状のために悩まされる

＊乳房痛または緊張感　＊頭痛　＊関節または筋肉の痛み

＊ふわふわした感じ　＊体重増加

リストBの中でのチェック数（　　　　）

2）次の4つの質問に答えてください。

☐ リストAとリストBを足すと5項目以上になりますか？

☐ リストAのうち少なくても1つはあてはまるものがありますか？

☐ チェックした項目の大部分は生理開始後3日以内で消失しますか？

☐ 上記の症状がある時、日常の活動が障害されますか？

上記の症状で日常の生活で支障がある場合は、産婦人科に相談しましょう。
日本では月経前症候群（PMS）や月経前不快気分障害（PMDD）の認知度が低いです。
しかし、強いイライラやうつの症状は、疾患によるものです。
適切な治療により、改善します。

引用：八田真理子『思春期女子のからだと心 Q&A』（2020年）労働教育センター（一部変更）

男の子の性教育

女の子にも知っておいてほしいことです。

　みなさんは、男女の体のしくみや性に関することを授業で学んできたと思います。しかし、男の子特有の性に関する内容については、なかなか学ぶ機会がなかったのでは？　ナイーブでプライベートなことなので、誰かに聞くのは少し恥ずかしい、と思っている男の子が多いのでは？　今回はそんなナイーブだけどとっても大切で男の子に、そして女の子にも知っておいてほしいことをお伝えします。

みんな気にしている？「包茎」

　みなさんは普段見ているネットや雑誌などで、包茎（ほうけい）手術をすすめる広告記事などを目にしたとき、一人で心配していませんか？　みなさんが気にしている包茎とは、実はどうことなのでしょうか？　以下に説明します。

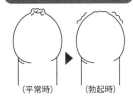

真性包茎
（平常時）（勃起時）

包皮の先端が狭くて亀頭（きとう）を露出（ろしゅつ）できない、またはできにくい状態です。この包茎は、包皮内が洗えないため、恥垢（ちこう）（皮脂腺の分泌液や尿中の塩類が一緒になったもの）が塊になって炎症や感染を引き起こしやすくなります。性行為のときには、皮膚が引っ張られて痛みを伴うことがあります。また、先端が非常に狭い場合、排尿に過度の腹圧が必要となってくるので、膀胱や腎臓に悪い影響を及ぼすことがあります。そのため、**なんらかの治療が必要な状態**です。

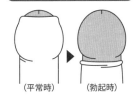

仮性包茎
（平常時）（勃起時）

亀頭が包皮におおわれていても亀頭の露出が可能な状態です。この状態は医学的に何ら問題はありません。しかし、日本では仮性包茎が病的で恥ずかしい状態であるかのように誤解している人が多いですが、実際は「治療の必要な真性包茎に似ているけど、似ているだけで真性包茎とは違うにせの包茎状態」です。すなわち、**治療の必要もないし、恥ずかしがることでもありません。**

カントン包茎
（平常時）（勃起時）

亀頭は露出できるが、包皮輪（包皮の折り返し部分）で締め付けられて、くびれを作っている状態です。この状態で放置すると、くびれによって皮膚が締め付けられ、その下の静脈やリンパ管が圧迫されます。この圧迫により先端部が浮腫（ふしゅ）を生じ、痛みを感じてくることが多いです。**早めに受診してください。**痛みをそれほど感じなくても、締め付けられていると感じている人は一度泌尿器科での相談をおすすめします。

教えて！ **仮性包茎を放っておくと、炎症を起こしたり、カスがたまってにおいがするの？**
尿がついたままにしたり、お風呂で洗わなかったら悪臭がしてきます。しかし、これは手術をしても同じです。大事なのは毎日清潔にしていることで、手術はまったく必要ないです。

包皮切除は早漏を治し、性的能力を増大させるの？
ほとんどの人は性的能力に変化はなく、逆に1割以上の人が弱くなったというアンケート結果があります。仮性包茎だから性的能力が低くなることはまったくありません。

仮性包茎は「自然な陰茎（いんけい）」です。決して恥ずかしい状態ではなく、女性から嫌われることはありません。
包茎が問題なのは、包皮内が不潔になったり、包皮をかぶせたまま排尿するとトイレを汚したりすることです。大事なのは清潔であることをお忘れなく。

気にしている？ ペニス（陰茎）の大きさ
——大切なのは、精巣（睾丸）の大きさです

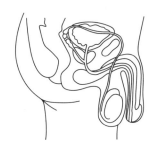

男子の思春期の始まりは、精巣（睾丸）のサイズが大きくなったときだと言われています。精巣の容量は、思春期前には2ml以下の大きさですが、大人になると15〜20mlまで達します。

精巣の働きは、男性ホルモンを分泌することと、精子をつくることです。これらの十分な働きを得るには、精巣がそれなりの大きさに成長することが必要です。もし精巣が大人の大きさに達していなかったら、精子をつくる働きに問題があるかもしれません。

だから、自分で確認しましょう!

確認

確認のしかた （指が長い人は例外です）

イラストのように、親指と人差し指の指先部を接してつくる輪（いわゆるOKサイン）の中に陰嚢の上から精巣を納め、人差し指の先端を親指の内側に沿って親指関節側へ移動させて、OKサインの輪の中でしっかり握ります。

OKサインを簡単にすり抜けるような大きさ（およそ縦が2.5cm、横が4cm以下）なら、成長が遅れている可能性があります。一度、泌尿器科で相談してみてください。また、今までより硬くて大きくなったときは、もしかしたら腫瘍ができたのかもしれないので、急いで泌尿器科を受診してください。

マスターベーションは正しい方法で!

射精障害とは、勃起には大きな問題は見られないが、正常な射精が行なえない症状のことです。さまざまな射精障害のなかでも、マスターベーションでは射精できるがセックスでは射精できない膣内射精障害が最も多いのです。近年患者が増加しており、その原因の多くはマスターベーションの方法のまちがいです。

まちがったマスターベーション

● **手で刺激するのではなく、布団のシーツや畳、床などにこすりつける（布団や枕を股間に挟んでこする、週刊誌に挟んでこする、など）**

膣内の環境と異なる布などの感触で射精する癖がついてしまうと、その刺激でないと射精できなくなります。

● **ペニスを強く握りすぎている**

強く握ることが習慣になってしまうと、膣から受ける刺激が物足りなくなり、膣内で射精できなくなります。

● **いつも足をつっぱっている**

勃起を維持させようとして肛門を閉め、太ももの筋肉を緊張させることを繰り返していると、足をつっぱっていないと射精できなくなってしまいます。

このような方法でマスターベーションを行なっている人は、早急にやめるようにしましょう。困ったことになったと自覚するときには、状況がかなり深刻になっているかもしれません。治すなら今のうちです。

正しい方法は「ゆで卵がつぶれないような強さで手を上下に動かして刺激する」です。

なにかわからないことや困ったことがあれば、遠慮なく相談しにきてください。
くれぐれもインターネットなどにある間違った情報に惑わされないでくださいね。

参考資料：池田稔『つつみかわあまるの独りよがりの性教育』(2014年) ルネッサンス・アイ：白順社
小堀善友『泌尿器科医が教えるオトコの「性」活習慣病』(2015年) 中公新書クラレ

避妊法　自分の人生を守るために

＊生理のことを医学用語では「月経」といいます。

そもそも避妊って何だろう？

…避妊とは、妊娠を避けること。つまり、妊娠するのを防ぐ手段のことを指します。

　性行為を行なうと、妊娠する可能性があります。この妊娠を避けるための方法を避妊法と言います。避妊法はいくつか種類がありますので、正しい知識を持ち、実践することが大事です。どんな避妊法があるのか、一緒に学んでいきましょう。

避妊法① 性行為（セックス）をしない

方　法…性行為（セックス）をしない。

売り場…なし

値　段…無料

失敗の可能性…なし（100%安全）

副作用…なし

> 挿入行為がなくとも、互いの性器を触れあうことは性行為に含まれます。安全なのはキスまで！

避妊法② コンドーム

方　法…男性用は男性の勃起したペニスに装着し、女性用は女性の膣の内側に装着することで、精子を閉じ込めて女性の体内に入らないようにする。

売り場…薬局、スーパー、インターネットサイトなど。

値　段…男性用は12個500円〜5,000円くらい。女性用は現在、日本国内では入手できない。

失敗の可能性…男性用は正しく使えずに失敗することが多い（30代・40代でも失敗率20%以上）。

副作用…ほとんどなし。

コンドーム失敗例

● **ぎりぎりまでつけなかった**
射精前からすでに精子が漏れ出ていることがある。勃起したらすぐに装着すること。

● **逆に、つけるのが早すぎた**
勃起していない状態からつけると、途中で抜けたりずれたりする。

● **破れた**
爪をひっかけてやぶれたり、コンドームの先端に空気が入ったままだと途中で破裂することがある。

避妊法③ ミレーナ（子宮内避妊リング）

方法と効果：子宮内に小さな器具を入れる。それによって合成黄体ホルモンが持続的に放出され、受精をさまたげ着床を防ぐことができる。月経困難症の改善にも効果がある。5年で交換が必要だが、ピルのように毎日内服するわずらわしさがない。

売り場：産婦人科（出産経験のない人は医師に相談）

値　段：30,000〜45,000円

失敗の可能性：ほとんどなし。

副作用：月経周期の変化、不正出血、腹痛

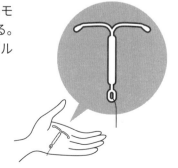

避妊法④ ピル

方　法…女性ホルモンの入った薬を飲むことで排卵を止めてしまう。

売り場…医師による処方。

値　段…保険がきかないため病院によって違う（１か月約2,500～3,000円）が、薬代のほかにも診察料がかかる。

失敗の可能性…飲み忘れなければほとんど失敗はない。飲み忘れたらアウト！

副作用…一時的な吐き気や不正出血。体質や年齢、持病によっては使えないこともある。

緊急避妊薬

　万が一避妊に失敗した場合（コンドームが破れた・避妊しなかった など）、原則72時間以内に緊急避妊薬（アフターピル）を飲むことで、緊急的に90％の妊娠を防ぐことができます。緊急避妊薬は医療機関で処方してもらえます。このとき処方されるピルは中用量ピルといい、避妊効果のあるピル（低用量ピル）とは異なるものです。

　自費診療で10,000～20,000円、ジェネリックなら6,000～9,000円です。

　副作用として最も多いものは吐き気です。約半数の人に起こると言われています。吐き気がひどいと嘔吐することもあり、服用後２時間以内に吐いてしまうと同量のピルを追加で飲まなければなりません。レイプ被害などの場合は、警察に届けることで公費負担の制度を利用することができます。

妊娠したかも…と思ったら

　いくつか避妊法を紹介しましたが、性行為を行なった場合、どんなに避妊に気を付けたつもりでも、100％妊娠しないということはないのです。妊娠の一番の兆候は、月経が予定日を過ぎてもこないことです。もともと不順の人もいるため、ついつい放置しがちですが、２週間経っても来なかった場合は産婦人科を受診しましょう。また、月経が極端に少ない量の時も妊娠を疑ったほうがいいです。妊娠した時に「着床時出血」という軽い出血が起こることがあるからです。

> **性行為を一度でもしていて月経が遅れていたら、妊娠を疑うこと（違ったらそれでいい！）**

知っておいてほしい中絶のこと

　人工妊娠中絶は、妊娠11週までの初期の手術と、12週以降の中期で方法が違います。

	方　法	値段（参考。病院により異なります）
初期 （～11週）	子宮の入り口を広げ、子宮内の胎児とその付属物をかき出す。	10万～15万円。入院が必要な場合、入院費もかかる。術後の検診費用もかかるが、保険適用外。
中期 （12週～）	薬で子宮の収縮を促し、流産に導く。その後処置として、子宮内の内容物をかき出す。	約15万円と入院費。一週間なら30万円くらい必要。術後の検診費用もかかるが、保険適用外。

　また、妊娠22週（生理予定日から４か月後くらい）以降は法律により中絶は禁止されているため、産むことしか選択はできなくなります。

　妊娠、出産、中絶の手術も身体的な負担がかかるのは女性です。自分と大切な恋人の人生を守るため、正しい知識をつけて行動選択していくことが必要です。わからないことや困った事があれば、インターネットだけの情報に惑わされず、信頼できる大人に相談してくださいね。

参考資料：北村邦夫『ティーンズ・ボディーブック』（2018年）中央公論社

症状から考えられる性感染症（STI）

「なんだかいつもと違うぞ」と感じたら、自分の症状を入念にチェック。
STIは早期発見、早期治療が大切です。

排尿時に痛みがある

☐ 排尿時に痛みがある

　　➡淋菌感染症、性器クラミジア感染症、腟カンジダ症、トリコモナス症など

☐ 軽い下腹部痛がある

　　➡性器クラミジア感染症など

外陰部に異常がある

☐ 皮膚が赤くなり、かゆみがある

　　➡腟カンジダ症、トリコモナス症など

☐ 水疱ができ、かゆみが出て、強い痛みや熱を感じる

　　➡性器ヘルペスウイルス感染症

☐ カリフラワー状のイボができた

　　➡尖圭コンジローム

☐ 硬いしこりができ、もものつけ根が硬くはれる

　　➡梅毒

おりものがいつもと違う

☐ おりものの量が増えた

　　➡性器クラミジア感染症、淋菌感染症など

☐ 白いカッテージチーズ状のおりものが出る

　　➡腟カンジダ症

☐ 白または黄色の泡状のおりものが出る

　　➡トリコモナス症

※今、増えているSTIには、感染していても無症状だったり、軽い下腹部痛ぐらいで気がつかない場合も多くあります。「もしかしたら……」と思ったらすぐに病院に受診をしましょう。

性感染症 (STI) チェックリスト〈女子編〉

1つでも該当したら
放っておかずに婦人科を
受診しましょう。

☐ おりものの量が増えた

☐ おりものの色が変わった。臭いが強い

☐ 外陰部に痛みやかゆみを感じる

☐ 外陰部に水疱やイボができた

☐ 性交時や排尿時に痛みがある

☐ 性交後、性器から出血する

性感染症 (STI) チェックリスト〈男子編〉

1つでも該当したら
放っておかずに泌尿器科を
受診しましょう。

☐ 尿道から膿のようなものが出てきた

☐ 排尿時に痛みがある

☐ 性器に痛みやかゆみを感じる

☐ 性器に水疱やイボができた

☐ 性交時に痛みがある

☐ 性器の周辺が腫れたり、赤くただれたりしている

☐ 太ももの付け根のリンパ腺が腫れている

☐ 全身に赤茶色の発疹ができた

引用：八田真理子『思春期女子のからだと心 Q & A』(2020年) 労働教育センター

＊資料編134ページの「主なSTI（性感染症）リスト」も参考にしてください。

デートDVって知っていますか？

「愛されています…
たまに怒ると
怖いんです。
でも、普段はとっても
優しいんです」

携帯を
いつもチェック、
信じてくれない。
約束事が多い

これらは
「愛」ではなく
「デートDV」
です！

しつこく
メッセージを送り、
相手の行動を
チェックする

「バカ！」
「お前が悪い」
などの暴言
をはく

友人との
付き合いを
制限する

いつもは
やさしいのに、
気に入らないと
暴力をふるう。
「怖い」と感じる

引用：八田真理子『思春期女子のからだと心Q＆A』(2020年) 労働教育センター（一部変更）

デートDVとは

デートDV（ドメスティック・バイオレンス）とは、配偶者や恋人など親密な関係にある（あった）者からふるわれる「こころとからだへの暴力」のこと。

「交際相手から被害を受けたことがある」と答えた人は16.7％（女性は21.4％、男性は11.5％）。約6人に1人（女性は約5人に1人、男性でも約9人に1人）がデートDVの被害にあっています（内閣府 男女間における暴力に関する調査（H29年度））。

暴力には身体的暴力、精神的暴力、経済的暴力、性的暴力といった種類があります。なぐる、けるなどの体への暴力だけでなく、無視する、どなる、おごらせる、避妊(ひにん)に協力しないなども「暴力」にあたります。

DVサイクル

DVには暴力とやさしさが繰り返されるといわれています。

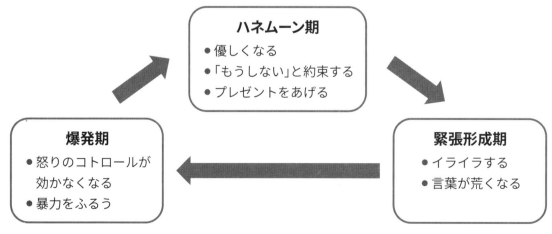

ハネムーン期
- 優しくなる
- 「もうしない」と約束する
- プレゼントをあげる

緊張形成期
- イライラする
- 言葉が荒くなる

爆発期
- 怒りのコトロールが
  効かなくなる
- 暴力をふるう

『ひとりで悩まないで』東京都葛飾区より

デートDVチェックリスト

あなたが体験したことがある項目に○をつけてください。

- [ ] 殴る・ける・たたく・髪の毛を引っ張るなど、身体に暴力を振るわれている。
- [ ] 殴る・ける・たたくまねや物を壊すことで脅される。
- [ ] 「バカ」「ブス」「デブ」など、自分をバカにしたようなことを言われる。
- [ ] 何か他の用事で相手に会えないと怒られる。
- [ ] ささいなことで、すぐ不機嫌になって、無視される。
- [ ] 物事を相談無しに勝手に決められる。
- [ ] 携帯電話のメールや通話履歴などをチェックされる。
- [ ] 頻繁に電話やメールをされたり、するように言われたりして行動をチェックされる。
- [ ] 電話に出なかったり、メールをすぐに返信しなかったりすると怒ったり無視したりされる。
- [ ] 自分以外の異性と会うことを制限される。
- [ ] 服装や髪形、態度、友人関係などを細かくチェックされる。
- [ ] キスや性行為を無理に要求される。
- [ ] 避妊に協力しない。中絶を強要する。
- [ ] 別れようとすると、「付きまとってやる」「自殺してやる」などと言って脅し、別れてくれない。

引用：札幌市市民文化局男女共同参画室HP

「交際相手は自分のもの」「束縛されているのは愛されているから」という考えがありますが、束縛することは対等な関係ではありません。相手を尊重し自分の気持ちを相手に言葉で伝えることが大切です。

ストーカー規制法

2000年（平成12年）にストーカー規制法が制定、2013年（平成25年）に法改正されました。

「ストーカー行為」とはつきまといや待ち伏せだけでなく、無言電話、嫌がる相手にしつこくメールを送信する行為も含まれます。2016年（平成28年）に新たに法改正が行なわれ、SNSやブログ上のつきまといも規制の対象になりました。

交際相手や元交際相手からの嫌がらせがこの「ストーカー行為」に該当する場合は、被害者の申し出により警察が警告したり、都道府県公安員会が禁止命令を出すことができ、加害者が命令に従わない場合には懲役刑や罰金刑が科せられます。

2021年（令和3年）に法改正が行なわれ、GPSやスマホアプリなどで位置情報を取得する行為も含まれるようになりました。

ひとりで悩まないで　相談窓口があります

- 内閣府男女共同参画局HP　相談窓口一覧
- 市区町村
- 警察
- 民間支援団体

※資料編「性暴力に関する相談窓口・支援団体」（142ページ）も参考にしてください

産婦人科受診マニュアル

＊生理のことを医学用語では「月経」といいます。

何を聞かれるの？　どんな検査をするの？

問 診

困っていることや症状、希望することを伝えましょう。

〈聞かれる内容〉

- 初経年齢　●月経周期　●月経日数
- 月経量　●最終月経　●痛みの程度
- 月経痛以外の症状の有無
- 過去１年間の月経の状態
- 既往歴（以前かかったことのある病気）　など

メモして持っていくと良いでしょう。健康保険証も忘れずに！

無料スマホアプリ「ルナルナ」に打ち込んだ生理日記を持参してもよいですね

内 診

性交経験のない人、どうしてもイヤな場合は医師や看護師に伝えましょう。

- 下半身の下着をはずして台に座ります。
- 腟内に指や道具を入れて子宮や卵巣の状態を調べます。
- 触診は指１本（人差し指）か指２本（人差し指と中指）を腟内に、もう一方の手をお腹にあて両方の指で子宮や卵巣を挟み込むように触ることによってその大きさ、形、位置を診察します。
- 内診は子宮や卵巣の固さやまわりとの癒着、圧痛（押さえられるとどのくらい痛いか）は、内診以外には診断できません。内診は抵抗があるかもしれませんが、超音波診断が進んだ現在でも内診で得られる情報は重要です。

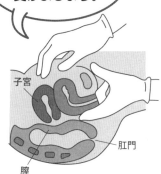

内診は緊張せずにリラックスして受けましょう。

子宮
肛門
腟

超音波検査

お腹の上から器具をあてる方法と、腟や肛門にプローブという器具を挿入する方法があります。

経腹超音波検査は、下腹部に超音波プローブをあてるだけで、いっさい苦痛はありません。超音波を使って子宮や卵巣の大きさや働きを確認します。

経腟超音波検査は、親指の太さくらいの棒状のプローブを腟内（性交経験のない人は肛門）に挿入して子宮、卵巣など骨盤内の臓器を検査します。モニターに映し出される子宮や卵巣の映像を見ながら説明を受けられます。

もちろん、超音波検査は身体に無害で、痛みを伴うこともありません。また、プローブにはカバーがつけられており、毎回交換されますから衛生的で感染の心配はありません。このほかにも必要に応じて血液検査やMRIなどを行ないます。

経腟プローブ

参考資料：八田真理子『思春期女子のからだと心 Q＆A』（2020年）労働教育センター

＊女性医師の受診を望む場合は、地域の医療なび等のHPで検索できます（資料編145ページ参考）。

乗り物酔いにならないために

　修学旅行ではバスや船、飛行機などさまざまな乗り物に乗る予定です。楽しい修学旅行も酔ってしまうと楽しめず…美味しいものも食べられず…残念なことになってしまいます！　酔うかもしれない人は事前にできる限りの予防をしましょう!!

❶ 酔い止め薬を飲む！

- 出発までに薬局・ドラッグストア等で酔い止めを買っておき、持っていく
- バスや船に乗る30分前に飲むと効果的
- 説明書をよく読んで用法・容量を守って服用する

❷ 7時間は寝る！

- 睡眠が一番重要！
  特に乗り物に乗る前日の夜は夜更かしせず、よく寝ておくこと
- 漁師さんも寝不足だと船酔いするのだとか…

❸ 朝ご飯は腹八分目！

- 食べすぎでも吐くし、気持ち悪くなるからと食べないと余計に酔いやすくなってしまう
- 消化の良いもの（肉等の脂っこいものはNG！）を腹八分目で食べておく
- お腹のまわりを締め付けるとストレスになるのでゆったりした服装で過ごす

❹ 柑橘系・炭酸・カフェインNG！

- 柑橘系の飲み物は胃酸の分泌を促し、高確率で酔ってしまう
- 炭酸水やカフェインを多く含むコーヒー等も同じで、胃酸を刺激するのでNG
- 水や白湯が一番安全！

❺ ツボを押す！

- 手首の中央から下に指3本分（約3cm）のところにあるツボ（内関）を親指の腹でもみほぐす
- 酔わない！大丈夫！と思い込む！

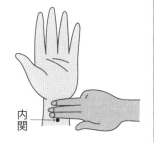

内関

❻ 手元を見ないで遠くを見る

- 携帯や本などの手元や船上で近くの波を見ると乗り物酔いを起こしやすい
- 進行方向を向き、遠くや水平線を見ることを心がける、もしくは寝る
- 船の甲板部分は揺れも大きく、排気ガスなどで酔いやすいので避ける

それでも酔ってしまったら…

①吐いてしまう…飛行機の場合、行きの機内で席の正面に入っている「エチケット袋」を必ずもらっておく。バスや船などでもエチケット袋を用意しておく

②「酔い止め薬」を飲む（酔ってからでも有効）

③衣服をゆるめて、締めつけをとる

④吐いてしまったら、うがいをして少しずつゆっくり水分をとる

⑤冷たい風にあたる

⑥横になる・寝る

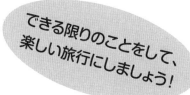

できる限りのことをして、楽しい旅行にしましょう！

エチケット袋

冬につらい冷え性対策

いよいよ寒さも本格的になってきました。寒いと気になるのが冷え性です。身体を冷やすと体温が下がり免疫力も下がってしまうことから「冷えは万病のもと」とも言われています。これを読んで、元気にこの冬を乗りきりましょう！

冷え性とは？

血液の流れが悪いため、毛細血管へ温かい血液が流れず血管が収縮し、そのために手足が冷えてしまう状態のことです。

症状は？

- 体全体が冷える
- 手先、足先が冷える
- 他にも、肌荒れ、髪のぱさつき、腹痛、めまい、むくみ、下痢、便秘、頭痛などが起こる

原因は？

① 体内で作られる熱の量が少ない

➡ 食生活の乱れや、運動・筋肉不足により、体で作られる熱が不足してしまいます。
運動不足は身体の代謝を低下させ、血液の循環を悪くします。また、筋肉量が少ないと体内で熱をつくることができず、うまく体を温められません。

② 血液循環が悪く、熱を上手く運べない

➡ 短いスカートや薄着、体を締め付ける衣類は血液循環を悪化させます。

③ 自律神経の乱れ

➡ エアコンに頼りすぎた環境や、冷たい食べ物や飲み物の飲食、生活習慣の乱れが自律神経のバランスを崩し、冷えを感じやすくなります。

冷え性チェック

こんな自覚症状はありませんか？

- ☐ 寒いわけでもないのに、手足が冷たい
- ☐ 布団に入っても手足が冷えて眠れない
- ☐ お風呂に入ってもすぐに手足が冷えてしまう
- ☐ 便秘や下痢になりやすい
- ☐ 何をしてもやせない
- ☐ 気温が高い日でも汗をかかない
- ☐ 夏なのに、体が冷たいと感じる
- ☐ 関節痛、腰痛、頭痛、肩こりがある
- ☐ 寝起きが悪い

手足に特に冷えを感じるわけは？

私たちの身体は、重要な臓器が集まる身体の中心部を一定の温度（通常は37度前後）に保とうとしています。特に寒いときは、身体の中心部に血液を集めて、体温を維持しようとします。そのため末端である手先や足先には血液が行き渡りにくくなり、温度が下がりやすくなって、冷えを強く感じるようになるのです。

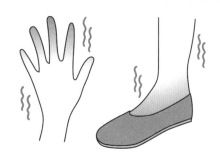

今すぐできる寒さ対策

✳ **コート、マフラー、手袋、耳あてなどの防寒具を身に着ける**
　太い血管の通っている首、手首、足首等を温めると効果的です。

✳ **制服の中にＴシャツや発熱・保温効果のある下着を着る**
　発熱効果のある肌着を<u>２枚重ねて着る</u>と暖かいという人も!?

✳ **教室内でひざかけを使用する**
　女子はよく使用していますよね。男子にもオススメです。
　ただし、腰に巻いて歩かないでくださいね。

✳ **カイロを持ってくる、貼る**
　最近では何回も使える地球に優しい**エコカイロ**などがあります。

✳ **温かい飲み物を飲む、朝食をしっかり食べる**
　温かい飲み物（70℃ぐらい）を飲むと体がぽかぽかしてきます。

> ### エコカイロとは…
> 充電式や、電子レンジで温めるものもありますが、最も一般的なのはビニール生地の中に金属片と液体酢酸ナトリウムが入っているタイプです。
> カイロの中の金属プレートをパチッと押し曲げると発熱し、約40度の暖かさが30分程度持続します。

運動で寒さ対策

✳ **手先・足先の冷え対策**
　➡手先の指をグーパーグーパーと動かす。ゆっくりと強めに握り、ゆっくりと伸ばすと血流が少しずつ良くなり、冷えが軽減されます。

✳ **体全体の冷え対策**
　➡ストレッチが効果的。首や肩を軽くまわしたり、伸びをしたりするだけで血行が良くなるので効果が期待できます。太ももを下から上にマッサージするのもよいです。
　★筋力をつける体操や軽いジョギングなどの有酸素運動も血液循環がよくなりおすすめです。

食べ物・飲み物で寒さ対策

✳ **食べ物編**：体を温める食材は、<u>バランスの良い食事とともにとりましょう。</u>
　かぼちゃ、ナッツ類、玉ねぎ、人参、大根、しょうが、ごぼう、ネギなどのビタミンＥを含む食材は血行を良くする効果があります。冬野菜（根菜類）は体が温まりやすいと言われています。
　キムチ、納豆、甘酒、ヨーグルトなどの発酵食品や、肉、魚、卵、豆類などのタンパク質もとりましょう。

✳ **飲み物編**
　ココア：みんなも大好きココア♪　足先などの下半身を温める効果があります。
　しょうが湯：冬の定番(*^^*)　しょうがには血行や発汗を促進する成分が含まれています。

★その他にもぬるめのお風呂にゆっくり入浴する（38〜40℃の湯で約30分）ことや、ストレスをためないことも冷え対策に効果的です！　体を温めて免疫をアップさせましょう♪

インフルエンザ大流行中! 予防するには?

インフルエンザはどうやってうつるの?

○**感染経路**…患者の咳やくしゃみによる飛沫を吸い込む飛沫感染（会話や咳、くしゃみで感染すること）

○**潜伏期間**…1～2日

こんな症状はインフルエンザかも?!　　複数該当した場合は受診を!

- ☐ 38度を超える急激な発熱（B型だと37度前後でもインフルエンザと診断されるケースも！）
- ☐ 強い倦怠感
- ☐ 寒気
- ☐ 頭痛
- ☐ 鼻汁、咳、鼻づまり、咽頭痛などの呼吸器症状
- ☐ 腹痛、嘔吐、下痢などの消化器症状
- ☐ 関節痛、筋肉痛、腰痛

> 家族や友人など身近な人が発症したあと、自分の体調が悪化した場合は要注意!!
> 受診する際には、周囲に発症した人がいることを伝えてください。

インフルエンザの検査ってどんなことをするの?

　インフルエンザの診断は「迅速診断キット」と呼ばれる検査器具を使用して、鼻からの拭い液（検体）をとって、インフルエンザウイルスがいるかどうかを調べる方法が一般的です。

　この検査では、10分以内で結果を得られます。ただし、発症直後の12時間以内の場合は、体内のウイルス量が少なく、陰性と判定されることもあります。その場合は、周囲のインフルエンザの流行状況をふまえて、翌日に再検査をして確認することもあります。

インフルエンザになってしまったら?

　出席停止という扱いになるので、学校を休んだ期間は欠席になりません。かかった場合は重症化を防ぐため、また他の人にうつさないために登校することができない期間が決まっています。

> **インフルエンザの出席停止期間 ➡ 発症した後5日を経過し、かつ解熱した後2日を経過するまで**

※発症した日を0日と数え、次の日を1日と数えます。

　例：1日に発症した場合は6日までは出席停止、7日から登校可能という計算になります。

★発症から48時間以内に適切な抗インフルエンザ薬を服用すると、早期に回復が見込まれます

インフルエンザを予防するには?

- ● 人混みを避け、外出後は手洗い・うがい
- ● 適度な温度・湿度を保つ
- ● こまめに換気をする
- ● 栄養・休息を十分にとって抵抗力を高める
- ● マスクの着用
- ● <u>ワクチンの接種</u>

もっとも手軽で、今すぐできる! 手洗い

　厚生労働省によると、手を洗っていない状態で約100万個あったウイルスが、流水で15秒手洗いしただけで1万個（約1％）に減ったそうです。つまり、約99％のウイルスが手洗いで減ったことになります。

　石けんで10秒もみ洗い後、流水で15秒すすぐと数百個になるそうです。

湿度を高める・ウイルスを追い出すのに効果的な換気と加湿

　空気の乾燥が起こりやすい冬場は風邪のウイルスやインフルエンザが好む「低温・低湿」になります。

★30分に1回以上は換気をしよう!

　暖房などの使用で空気が乾燥している冬の部屋は空気中にウイルスが漂（ただよ）いやすく、インフルエンザの人が1人いたら周りの人にも感染してしまいます。

　寒くて窓を閉めたいところですが、**30分に1回以上、数分、窓を全開して空気を入れ替える**ようにしましょう。対角線上にある2つの窓を常時、開けておきます。換気をすることで**室内の乾燥した空気は加湿**され、教室内を漂っている**ウイルスも追い出す**ことができます。

窓をあけて換気しましょう

★加湿器や濡れタオルで自分の部屋や教室を加湿しよう!

● 乾燥した空気の中にいると、人ののどや気管支の粘膜（ねんまく）はキズがつきやすく防御力（ぼうぎょりょく）が低下しインフルエンザや風邪のウイルスが入り込みやすくなります

　➡**加湿することで、のどの粘膜の防御力を保つことができる!**

● 乾燥した環境ではインフルエンザウイルスは空気中に長時間浮遊（ふ ゆう）します

　➡加湿によって大気中の水滴が増え、ウイルスは水滴の重みで落下＝空気中に浮遊できなくなり、**「ウイルスの不活性化（ふ かっせいか）（＝感染力や毒性を失わせること）」が望める!**

湿度50%以上

守ろう! 咳エチケット

　咳（せき）1回では、約10万個のウイルスが2～3m、くしゃみ1回では約200万個のウイルスが3～5m飛ぶと言われています。

せき　飛沫に含まれるウイルス　10万個　2～3m

くしゃみ　200万個　3～5m

★これだけ守って! 咳エチケット3か条!

❶ 咳やくしゃみをするときは周囲から顔をそむけ、マスクやティッシュ等で鼻と口をおおう!

❷ 使ったティッシュはふた付きゴミ箱に捨て、石けんでよく手を洗う!

❸ 咳やくしゃみ、鼻水などの風邪症状があるときはマスク着用!

マスクには保温・保湿効果もあり、のどのためにもいいです♪　予防目的の着用もおすすめです!

夏バテしていませんか？

暑い日が続くと、だるさや微熱などを感じやすくなりますよね。それは『夏バテ』かもしれません。
夏バテって何？　どうすれば良くなるの？　とよく聞かれるので取り上げてみます♪

こんな症状ありませんか？

○全身の疲れが取れない　　　○なんとなく熱っぽい
○なんとなく身体がだるい　　○立ちくらみ、めまいがある
○最近無気力なことが多い　　○むくみが出る
○ストレスを感じイライラする　○食欲不振や便秘が続く

もしかしたら
夏バテかも…!!

どうして「夏バテ」になるの？

　夏バテは病名ではなく夏の暑さによって身体に現れる慢性的な不調状態のことを言います。

　高温多湿の夏に体が対応できなくなり、身体がだるい、食欲がない、熱っぽい、頭痛がする、めまいや立ちくらみがする、やる気が出ない、疲れがとれないなどさまざまな症状が出ます。このように、夏に起こる体の不調が夏バテです。要因としては主に3つの要因が考えられます。

水分不足

　汗をかくことで水分やミネラルは一緒に流れ出て不足します。体内の水分が減ると血液中の水分も減り、血の循環が悪くなって内臓や脳に負担がかかります。

　長時間直射日光の下にいたり、暑さの中で運動をしたりすると、発汗が過剰になり、体の水分不足による脱水状態を起こすことになります。

消化機能の低下

　暑さで食欲が落ちると、冷たい食べ物や飲み物をとりがちになります。そうすると胃腸が冷えたり、胃液が薄くなったりして、消化機能が低下して下痢や胃もたれが起こります。胃腸の不調が食欲を減退により栄養不足を招き、それが夏バテを増進させるという悪循環におちいります。

自律神経の乱れ

　自律神経は、循環器、消化器、呼吸器など全身すべての臓器や組織の活動を調整しています。体温の調整なども担い、私たちが活動や休憩・睡眠に最も適した全身状態になるように機能しています。温度差の大きい屋外と屋内を行き来すると、その温度差に体温調節機能がうまく対処できず体が混乱して自律神経のバランスをくずしてしまいます。

　自律神経の乱れは疲労、睡眠不足、胃腸の不調、頭痛、動悸、めまい・立ちくらみ、などの体調の不良を引き起こします。

夏バテ対策はこれだ!!

❶ ビタミンB1、B2などが含まれる栄養価の高い食品を食べる

食欲が減退しがちな夏は、量より質に重点を置いた食事をとりましょう。

とくに疲労回復に効果的な玄米、豚肉、ウナギ、豆類などの良質なタンパク質、高エネルギー、高ビタミンの食材を積極的にとり、栄養のバランスを重視した食事を心がけましょう。

糖質をエネルギーに変えることで疲労回復に役立つビタミンB1の摂取を意識することも大切です。ビタミンB1が多く含まれる食品には、豚肉、ウナギ、レバー、子持ちカレイ、紅サケ、玄米、豆腐、さつまいも、そば、パスタなどがあります。

❷ 室内での過ごし方を工夫して体を冷やしすぎないように気をつける

室内外の温度差が10℃以上になると自律神経が体温調節などに頑張った末に機能低下・破綻し、体調を崩しやすくなります。自分でエアコンの温度調節ができない場合には、冷房の風が直接当たらないように風向きなどを調節し、上着を羽織ったり、長いパンツや靴下をはくなど工夫をして体温の調節をしましょう。

飲み物は冷たいものより常温や氷抜きがオススメ。ぬるめのお風呂にゆっくり浸かったり、軽い運動で血流をよくするのもおすすめです。

❸ ぐっすり眠ってその日の疲れを取る

規則正しい時間に十分睡眠をとることが自律神経の働きを正しく保つことにつながり、夏バテの一番の予防法です。睡眠には心身の疲労を回復する働きがあります。睡眠時間と睡眠の質を確保し、その日の疲れをその日のうちに取り除きましょう。

エアコンを自分の睡眠に合わせて調節し、冷却シートや冷感シーツなどを上手に利用するのも睡眠の質を高めるのにおすすめです。

❹ 適度な運動とたっぷりの水分補給

暑い夏を乗り切るには、汗をかいて体温調節をすることが大切です。適度な運動により汗をかく習慣を取り戻すことができ、乱れがちな体温調節機能が改善します。朝の涼しいうちに有酸素運動であるウォーキングを行なったり、冷房の効いた部屋で軽い体操をするなど適度な運動を心がけましょう。

なお、運動に際しては水分補給を忘れないようにしましょう。汗といっしょに失われる塩分、ビタミンやその他のミネラルを補給することも回復には重要な要素です。

自分の姿勢、気にしていますか？

　自分の姿勢がどうなっているか、鏡で見たことはありますか？　自分の姿勢が正しいかどうかなんて自分で見ることができないのでなかなか気づきにくいと思います。自分では気づいていないうちに、いつの間にか悪い姿勢が身についてしまっているかもしれません。今一度正しい姿勢について考えていきましょう。

そもそも、姿勢が悪いと何が起こるのか

　姿勢が悪いと、自分の体だけでなく心に、また学習や社会生活にも影響が出てきます。

体と心への影響

　悪い姿勢は筋肉を緊張させ、血液循環を悪くします。そのため、頭痛や肩こり、腰痛を引き起こし、体の左右のバランスがくずれることで脊柱側わん症につながる恐れがあります。歯並びにも影響が出てくることもわかっています。

　また、気分の落ち込みや不安、うつ症状など精神的な面にも関係があることがわかってきています。

学習での影響

　姿勢が悪い状態だと呼吸が浅くなり、脳に行く酸素が減るだけでなく、血流が悪化します。考える力が弱まってしまいます。

　また、姿勢の悪化による肩こりや頭痛は集中力を低下させるので、効率が非常に悪くなります。

社会生活での影響

　猫背の人と胸を張っている人だと印象が変わってきませんか？　姿勢で相手に与える印象が変わります。

　進学や就職のときの面接などで影響が出てくる可能性があります。

いい姿勢にすると…
- 体への負担が少ない
- 疲れにくい
- 動きやすい
- 勉強に集中でき、効率が上がる
- 相手に良い印象を与える

良いことばかり！

良い姿勢とは、これだ!

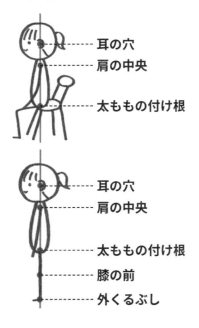

- 耳の穴
- 肩の中央
- 太ももの付け根

- 耳の穴
- 肩の中央
- 太ももの付け根
- 膝の前
- 外くるぶし

姿勢をよくするポイント

座っているとき

❶ 最大限に胸を張る
❷ ❶から少し力を抜く
❸ 天井から引っ張られるイメージで座る

立っているとき

❶ 最大限に胸を張り、お尻を引き締める
❷ ❶から少し力を抜く
❸ 天井から引っ張られるイメージで立つ

姿勢をよくするための体操

腰がそりやすい人

《からだ丸め》
両手を前方に伸ばして
背中を丸める
（5秒保持×5回）

《太もも前面のストレッチ》
脚を前後に開く
上半身を前に移動させる
（20秒保持×3セット）

 の部分を伸ばす

腰が丸くなりやすい人

《胸張り》
両手を後ろに組んで、
肩甲骨を背骨に引き寄せる
（5秒保持×5回）

《太もも後面のストレッチ》
座位で片脚を伸ばす
胸を張って体を前に倒す
（20秒保持×3セット）

 の部分を伸ばす

姿勢のチェックポイント

ゲームをしたり、スマホを見ているとき

- ☐ 前かがみになっていないか
- ☐ 床に寝そべっていないか
- ☐ あぐらをかいていないか
- ☐ 片膝をつきながらしていないか
- ☐ 椅子に浅く座って、後ろにもたれかかりながらしていないか

机に向かって学習などをしているとき

- ☐ 猫背になっていないか
- ☐ 足を組んでいないか
- ☐ おへそを正面に向けて、体を真っ直ぐにしているか
- ☐ お尻はしっかり椅子について座っているか

参考資料：『養護教諭のための教育実践に役立つQ＆A集Ⅴ』（2014年）東山書房
京都整形外科医会資料
立入克敏監修・解説『DVD学校における「運動器検診」のすべて』ジャパンライム

つらい花粉症を乗り越えよう!

　花粉が飛ぶ季節になり、花粉症の人にはつらい時期になってきました。花粉症と症状を和らげる方法について調べてみたので、ぜひ実践してみてください。

花粉症とは?

　花粉症はスギやヒノキなどの花粉が原因でおこるアレルギー性の疾患です。

つらい花粉症の症状をやわらげるには?

❶ マスク・メガネで鼻や目に入る花粉を減らす。
　※コンタクトレンズよりメガネを使用するほうが、効果が高い
　※マスクの中にぬらしたガーゼをはさむと効果が高まる

❷ 表面がツルツルした素材の帽子やコートを身につける。

❸ 家に入る前に体についた花粉を払い落とす。

❹ 窓や戸をなるべく開けない。洗濯物や布団は外に干さない。

❺ 受診して、医者に相談、薬を処方してもらう。

❻ 花粉症を抑えるツボを押してみる。

鼻詰まりと目のかゆみ

ツボ名:**印堂 (いんどう)**
場所は眉と眉の中間にある。親指の腹でツボを当て、ゆっくりと押しながら20回くらい小さな○を描くように。

鼻詰まり

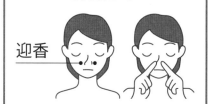

ツボ名:**迎香 (げいこう)**
場所は小鼻の横、鼻孔のすぐ外側にある。中指の腹でツボを当て、ゆっくりと押しながら20回くらい小さな○を描くように。

目のかゆみと涙

ツボ名:**承泣 (しょうきゅう)**
場所は瞳孔の真下にある。中指の腹でツボを当て、ゆっくりと押しながら20回くらい小さな○を描くように。

以上のツボと組み合わせて、花粉症への効き目がアップ

ツボ名:**合谷 (ごうこく)**
場所は、手の背面の親指と人差し指の間にあるツボで、親指と人差し指の骨の合わさるところのくぼみにある。なるべく大きく親指と人さし指を開いて、もう一方の手の親指と人さし指ではさむようにして、力を入れて少し痛く感じられるくらい強く押す。
万能のツボといわれ、さまざまな不調に効果があるとされている。頭痛や鼻づまりのとき、免疫力を高めたいときにも効果がある。

花粉カレンダー

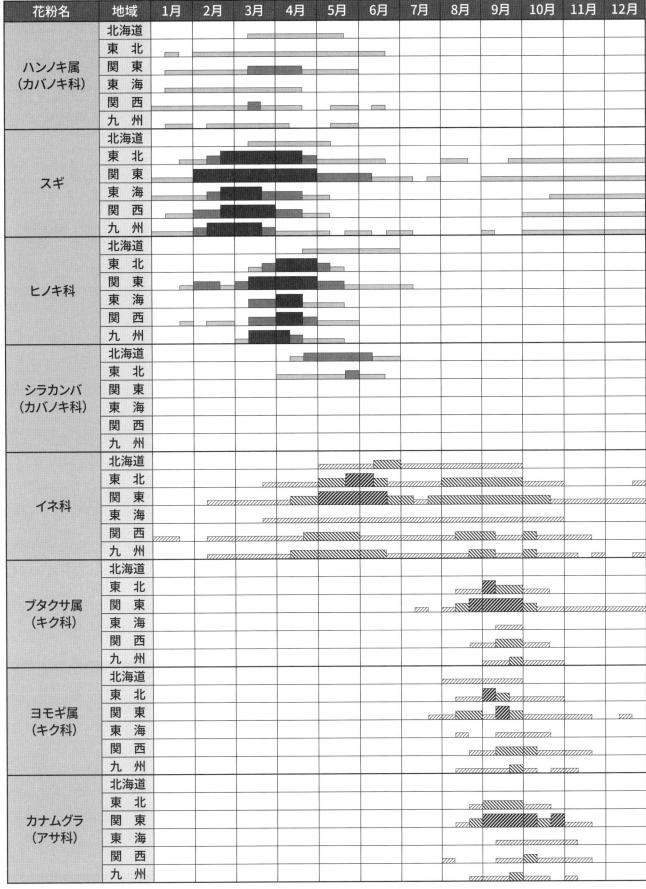

木本の花粉凡例：■ 0.1～5.0個/cm²/日　　草本の花粉凡例：▨ 0.05～1.0個/cm²/日
■ 5.1～50.0個/cm²/日　　　　　　　　　▨ 1.1～5.0個/cm²/日
■ 50.1個～/cm²/日　　　　　　　　　　▨ 5.1個～/cm²/日

環境省HP　花粉症環境保健マニュアル2019の図2-3を作成

ドライアイ

夏のドライアイに注意!

コンタクトレンズ使用の人やアレルギー性結膜炎の人、外で運動する人、エアコンにあたる人、またパソコンやスマートフォンなどでゲームを長時間する人は要注意です。

目が乾く、眼がつかれる、涙が出るなどの症状はありませんか?

10秒まばたきしないで目を開けていられますか？　開けていられなかったら、もしかして「ドライアイ」かもしれません!

エアコンの風に注意!

ドライアイって何?

涙は目の表面を覆って、眼を守るバリアのような働きをしています。

その涙が少なくなったり、成分が変わったりすると、眼の渇きや眼の疲れを感じるようになります。

ドライアイは「目の粘膜の肌荒れ」のような状態で、誰でも発症する病気です。

コンタクトレンズやメガネの度数は合っているのに、見えにくい、目がかすむ!

目の表面は涙に覆われてつるっとしていますが、ドライアイになると目の表面が乱れるため、物がはっきり見えなくなることがあります。

VDT（テレビ、パソコン、スマートフォン、テレビゲーム）でドライアイが起こるのはなぜ?

主な原因は、VDTの画面を一生懸命見つめることで、まばたきの回数が減り、涙の分泌量が減るためです。**適度に休憩をし、また室内の空気が乾燥しないように**工夫します。エアコンの風にあたることも原因の一つとなります。

＊症状がひどい時は、眼科で相談して、ドライアイ用の目薬を処方してもらいましょう。

ドライアイチェックシート

気になる症状が多い人は「これくらいならガマンできる」と放置せずに、早めに眼科を受診しましょう。

チェック1：10秒間まばたきをせずにいられますか？

➡いられなければドライアイの可能性が高い。

チェック2：以下のチェックで5つ以上ついた人は、ドライアイの可能性が高い。

- ☐ 目が疲れやすい
- ☐ 目がかゆい
- ☐ 目がしょぼしょぼ・ゴロゴロする
- ☐ 目が重たい気がする
- ☐ 目が乾いた感じがする
- ☐ 物がかすんで見える
- ☐ 目が痛い
- ☐ 光がまぶしく感じやすい
- ☐ なんとなく目に不快感がある
- ☐ 目が赤くなりやすい
- ☐ わけもなく涙が出る
- ☐ 目やにが出る

知らないと危険！ カラーコンタクトレンズ

　カラーコンタクトレンズは、目の色を変えたり瞳がくっきりと強調されたりしたもの、星などの柄がデザインされた"柄コンタイプ"など、種類もさまざまです。

　カラーコンタクトレンズは着色している色素のせいで、普通のコンタクトレンズより酸素を通しにくくなっています。酸素不足や色素が眼に溶け出すことにより、角膜炎や角膜かいよう（かくまくえん）になり、**視力の低下**や**失明しかけた人**もいます。

カラーコンタクトレンズが原因でなった角膜かいよう（匐行性角膜かいよう）（ふっこうせい）

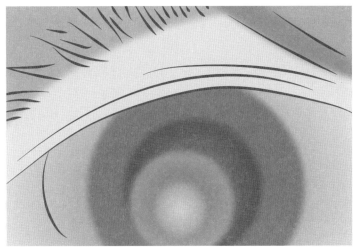

角膜（黒目）の深部まで炎症が及んで、角膜の実質が溶けて表面がいびつになります。ここまでくると、炎症がおさまって治ったとしても黒目の表面のいびつや、にごりが残ってしまうため、視力は戻らないことが多くなります。

※カラーコンタクトレンズの安全性については、国民生活センターのホームページ等を参考にしてください。

皆さんへ

❶ コンタクトレンズはリスクの高い医療機器なので、視力補正目的以外では簡単に使用しないほうがよいです。

❷ おしゃれ用カラーコンタクトレンズは、医療機器ではありますが、**色落ちする粗悪品がたくさんあり、毒性があったり色素が流れ出る**など、安全性や品質に問題があるものが多いです。

❸ ふつうのコンタクトレンズに比べてカラーコンタクトレンズは酸素を通しにくいといわれています。目も呼吸しているので常に酸欠状態です。酸素を求めて白目の毛細血管が膨張し、目の充血を引き起こしてしまうことがあります。

❹ カラーコンタクトレンズは夜間視力や動体視力が大幅に低下する場合があるので、夜間の自転車走行は危険！

眼は大切です!!

参考資料：岡村理栄子『おしゃれ障害』（2003年）少年写真新聞社

ネイルアート　炎症の危険!!

　人工の爪などで指先を飾る「ネイルアート」が流行っています。しかし一方で、ケガなどのトラブルが起きているというニュースが新聞やテレビなどで報道されています。

　若いときの爪は薄く、下に見える皮膚もピンクで美しいものです。

　爪は、皮膚の一部であり、健康状態をあらわす大切なバロメータです。おしゃれも大切ですが、今のあなたにマニキュアやつけ爪は必要でしょうか？

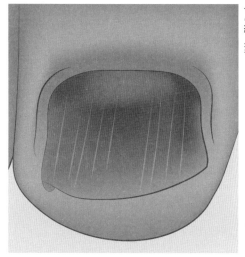

つけ爪と爪の間の水分が原因で、緑膿菌（りょくのうきん）という菌が発生し、緑色に変色し爪がはがれて浮いてきます。

体育の時間に保健室に来た生徒の指を撮影したものです。右手の小指のつけ爪がはがれ、小指の爪が浮いていました。
（写真　宇田川和子）

国民生活センターには次のような相談がありました。

＊ ジェルネイルを硬化させるために、LEDライトを照射したところ、1、2秒で異常に熱くなり爪をやけどした。

＊ ネイルサロンでジェルネイルをしてもらったら、指先にかゆみを感じ、指先が腫れあがり水疱ができた。

＊ 子ども用のマニュキアでつけた手の爪が白くなり、爪がはがれてしまった。

（国民生活センターHPより引用）

**長い爪は、裏側に細菌がたまりやすいので、衛生的にもよくありません。
友だちにケガをさせてしまう危険もあります。**

ハチに刺された人へ

すでに連絡をしましたとおり、本日、お子様は、ハチに刺された、または刺された疑いがあります。患部に針がないかを確認して、ハチ毒を抜く処置を行ない、水で洗浄、抗ヒスタミン剤を塗布、冷却の処置を行ないました。20〜30分ほど様子を見て、特に異常はありませんでしたが、引き続き自宅での観察をお願いします。

どんなハチが危ないか

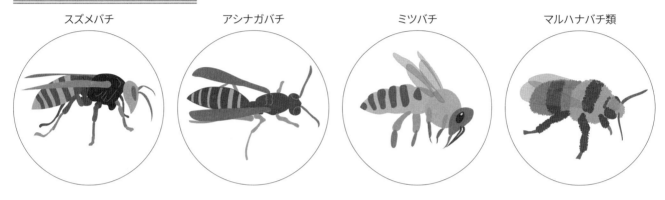

スズメバチ　　　　　アシナガバチ　　　　　ミツバチ　　　　　マルハナバチ類

ハチに刺されたときの症状

ハチ刺傷は、ハチ毒が持つ直接作用とハチ毒に対するアレルギー反応によって生じます。

局所反応

局所反応は刺傷後数分以内に出現する刺傷部位の発赤、腫脹（はれ）、疼痛（ずきずきと痛む）などです。

局所反応は通常、数時間から1日以内に消退し、それ以上の処置は不要です。ただし、自覚症状の強いもの、かゆみが長引き硬いしこりが残るもの、発赤・腫脹の直径が10センチを超えるものに関しては、医療機関への受診を勧めます。遅延型アレルギーによって1〜2日後に腫れがひどくなることもあります。

救急搬送が必要なケース

なによりもまず以下の全身反応の有無を確認してください。

A：喉の奥の腫れや声のかすれ
B：喘鳴（呼吸時、ぜいぜいという音を出す）、せき、呼吸苦
C：血圧低下、意識障害
D：腹痛、嘔吐、下痢

といったアナフィラキシーを示す症状が一つでもあれば、ただちに救急車を呼んでください。アナフィラキシーと判断できなくても、全身に発疹が生じてきた場合には、救急搬送を依頼しましょう。

ショック体位

※ショック体位とは、脳の血流を維持するために、あお向けの状態で、足の下に枕などを入れて15〜30cm下肢をあげることをいいます。

本人にアナフィラキシーの既往（以前かかったこと）があり、エピペン®が用意されている場合には直ちに注射してください。ショック体位、気道確保などの救命処置を行ないます。

Part **2** 健康診断用

健康診断のときに、子どもたちに渡す保健だよりとして、
また担任の先生に保健指導をしてもらうための資料として使えます。

健康診断の前に…… 発育測定をしましょう

1学期は毎年、学校医さんに健康かどうかチェックしてもらっていますね。
その前に、学校でできる検査をしておきましょう。みなさんが元気に過ごすために欠かせない健康診断。
正しい方法で、しっかり受けましょう！

健康診断　なぜ受けるの？

- 自分が成長しているか（健康かどうか）知るため
- 自分の健康についての問題や病気の可能性を見つけるため
- これからの生活をより健康的にするため

> 健康診断は
> 授業の一環です！
> 健康について
> 学びましょう！

まずは、身体測定

からだの成長を知るために、身長と体重を測ります。

忘れずに持ってきてください
- 体操服（登校したら着替える）
- めがね・コンタクトレンズ（使っている人）

身体測定時に注意すること
- ポニーテールやおだんごヘアは、ほどいて左右に結んでおきましょう
- 靴下はぬいでください。測定は裸足で行ないます
- 体重計は、体操服の分として−0.5kgになっています

健康診断NG
- さわぐ
- 友だちをからかう
- 友だちの結果をしつこく聞く

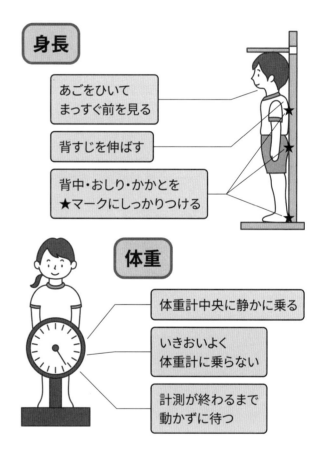

身長

- あごをひいてまっすぐ前を見る
- 背すじを伸ばす
- 背中・おしり・かかとを★マークにしっかりつける

体重

- 体重計中央に静かに乗る
- いきおいよく体重計に乗らない
- 計測が終わるまで動かずに待つ

視力検査

見え方で学校生活に困ることがないか調べます。
○の1か所だけ切れている方向を教えてください。
⚠メガネ・コンタクトレンズを忘れないこと。

聴力検査

聞こえが悪くないか調べます。
右と左、片方ずつ検査します。
音が聞こえたらボタンを押してください。
⚠前日に耳そうじ（耳かき）をしておきましょう。

明日は身体測定！

身体測定は、からだがバランスよく成長・発育しているのかという状態をみます。成長する時期は、個人差があります。他人と比べて背が高いとか、体重が重いとかを気にすることはありません。大切なことは、からだ全体がバランスよく成長しているかです。肥満度も記入しましょう。

1 身体測定項目

学年	身長	体重	運動器	聴力	血圧	視力
1年生	◎	◎	対象者のみ	◎	希望者	◎
2年生	◎	◎	対象者のみ	×	希望者	◎
3年生	◎	◎	対象者のみ	◎	希望者	◎

測定場所

男子　身長・体重➡○○室
　　　運動器・血圧➡○○室

女子　身長・体重・血圧➡○○室
　　　運動器➡○○室

聴力➡○○室
視力➡○○室

(1) 身体測定は、全員が健康診断票を持って受ける。係が記入し、印を押す。

　　学年・組・年齢・年度を忘れずに記入する。年齢は○○年4月1日現在で記入する。

　　※身体測定の会場で希望者には、血圧測定を行なう。

(2) 運動器検診の事前検査を行なう。該当者は当日の朝、担任より連絡するので必ず受けること。

(3) 視力検査は担任が検査をして、保健委員が黒のボールペンで健康診断票に記入、印を押す。

2 視力検査　　検査する人─担任　記録─保健委員

(1) メガネ・コンタクトレンズの常用者は、矯正視力を検査する。

(2) メガネをかけたり、はずしたりしている人は、裸眼視力とメガネをかけた矯正視力を検査する。

A（1.0以上）	視力は良好です。学校生活に影響なし
B（0.7〜0.9）	条件によって、学校生活に影響がある
C（0.3〜0.6）	教室後方からは黒板の文字が見えにくいことがある
D（0.2以下）	教室前列でも黒板の文字が見えにくい

3 測定後は肥満度を求める。計算してみよう！

肥満度の求め方にはBMI（Body Mass Index）という数式があります。
各自、計算をして健康診断票に肥満度を記入してください。
肥満度＝BMIです。

・現在の体重 [　　　　] kg

・あなたの理想体重は、
　　身長（m）×身長（m）×22＝ [　　　　] kg

・あなたのBMI
　　体重（kg）÷身長（m）÷身長（m）＝ [　　　　]

＊BMIが22になる時の体重が標準体重で、最も病気になりにくい状態であるとされています。

BMI	判定
18.5未満	低体重（やせ）
18.5〜24	普通体重
25〜29	肥満（1度）
30〜34	肥満（2度）
35〜39	肥満（3度）
40以上	肥満（4度）

（注：本項は中学高校版となっています）

聴力検査　耳のきこえは大丈夫?

　健康診断で行なわれる耳鼻咽喉科の検査の代表的なものが「聴力検査」です。

　音をきき分ける機能を調べる最も基本的な検査で、自覚しにくい「難聴（音や声がよく聞こえない）」のスクリーニング（ふるいわけ）を目的に行なわれています。

こんな人は注意!

● 耳鳴りが続いている

● 耳が詰まったような感じがする

● ことばの聞き違えが増えた

● 騒音の大きな場所にいる

● ストレスが多い

検査の行ない方

　定期検診などで行なわれる「選別聴力検査」は、「オージオメータ」という機器から出る音をヘッドホンで聞き、聞こえたら手元のボタンを押すことで、難聴がないかを調べます（1000Hzと4000Hzの周波数の音で調べる）。

　一般的に、日本語の聞き分けには2000Hzまでが必要とされ、1000Hzは日常会話に必要な聴力の指標となります。4000Hzはアラーム音や鳥の鳴き声がそれにあたり、高音域から始まる難聴の早期発見に役立ちます。

＊周波数とは1秒間に繰り返す波の数。Hz（ヘルツ）は音の高さを表す

■音の聞こえる道すじ

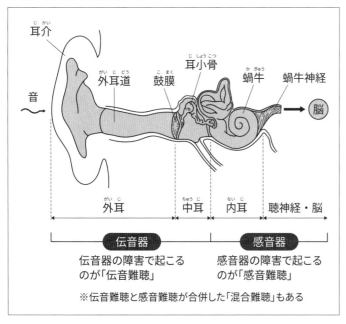

耳介
外耳道
鼓膜
耳小骨
蝸牛
蝸牛神経
音
脳
外耳　中耳　内耳　聴神経・脳
伝音器　感音器
伝音器の障害で起こるのが「伝音難聴」
感音器の障害で起こるのが「感音難聴」
※伝音難聴と感音難聴が合併した「混合難聴」もある

■聞こえるしくみ

　音の正体は空気の振動です。耳介で集められた音は、外耳道を通って鼓膜を振動させます。

　そのふるえが耳小骨に伝わり、蝸牛で音を感じ、次にその音が聴神経を通って電気信号となって脳に送られます。それで初めて音として聞こえます。

■難聴のレベル（平均聴力）

軽度	25〜39db
中度	40〜69db
高度	70〜89db
重度	90db以上

＊db（デシベル）は音の大きさを表す

耳そうじ、どうしてる?

　耳あかは、外耳道のあかや外から入ってきた小さなゴミなどが、外耳道から分泌される粘液で固まったもの。耳あかが外耳道に詰まってしまったら聞こえ方に影響がでます。しかし、耳そうじのし過ぎはよくありません。2〜3週間ごとにしましょう。

　綿棒は深く入れないで。耳あかが奥に入ってしまったり、鼓膜を傷つけたりするおそれがあります。

　「耳垢栓塞」と診断されたら、これは「耳あかで鼓膜が見えないほど」ということ。耳鼻科に行きましょう。

危険!! イヤホンで難聴に!?

　最近はスマホなどの影響により自転車に乗っている時やバスや電車の中でもイヤホンを使っている人を多くみかけます。

　WHO（World Health Organization：世界保健機構）では、80db（デシベル）の音の大きさ（窓を開けた地下鉄の電車内の音）で、1週間あたり40時間以上、98dbで1週間あたり75分以上聞き続けると難聴（音や声がよく聞こえない）の危険があるとしています。

　なお、100db以上の大音響では、急に難聴が生じることがあります。

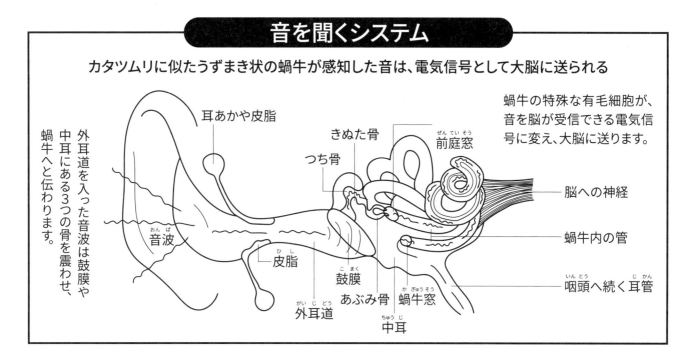

音を聞くシステム

カタツムリに似たうずまき状の蝸牛が感知した音は、電気信号として大脳に送られる

蝸牛の特殊な有毛細胞が、音を脳が受信できる電気信号に変え、大脳に送ります。

外耳道を入った音波は鼓膜や中耳にある3つの骨を震わせ、蝸牛へと伝わります。

耳あかや皮脂
きぬた骨
つち骨
前庭窓（ぜんていそう）
脳への神経
蝸牛内の管
音波（おんぱ）
皮脂（ひし）
鼓膜（こまく）
あぶみ骨
蝸牛窓（かぎゅうそう）
咽頭へ続く耳管（いんとうじかん）
外耳道（がいじどう）
中耳（ちゅうじ）

　音とは、空気が振動することでできる音波です。

　内耳には蝸牛（かぎゅう）というカタツムリのような形をした精密な器官があり、ここには音波を感知する有毛細胞がびっしりと詰まっています。ちょうどピアノのキーがずらりと並んだような構造になっていて、特定のキーは、高さが同じ音だけ反応し、その音を電気信号に変換して大脳に送ります。

　音は、大脳に伝わって、はじめて「音」として認識されます。

　蝸牛の入り口にある有毛細胞は高音を感知します。いつも音にさらされるため高音から聞こえなくなることが多いです。

室内の騒音レベルの評価

db	会話の可能性
40〜60	正常会話ができる
60〜80	声を高めると会話ができる
80〜100	非常に困難
100〜115	叫べば会話ができる
115〜130	会話不能

＊db（デシベル）は音の大きさを表す

■「ながら音楽」は危険がいっぱい。交通事故、ひったくりにわいせつ事件……

　特に挿入（そうにゅう）型など遮音（しゃおん）性の高いイヤホンの聴覚感度は、ヘッドホンタイプに比べ大きく低下するといわれています。これでは自転車のベル音に気づきにくく、大きな音量で音楽などを聴いていると自動車のクラクションも聞こえないかも知れません。

千葉市でイヤホンをつけたまま運転の自転車が女性をはね、死亡させた。

大分市のJR牧駅と高城駅間の踏切で男子高校生がはねられた。イヤホンをしていて警報機の音が聞こえなかった。

埼玉県さいたま市ではイヤホンで音楽を聴いていた女子高校生が、後ろから来た男に突然スカート内に手を入れられるわいせつ事件がおきた。

眼の病気　知っている？

所見名	内容と説明
アレルギー性結膜炎 (けつまくえん)	目の表面に花粉などのアレルゲンが付着して結膜に炎症を起こす病気。目やまぶたのかゆみ、充血、涙、目やに、異物感、痛みなどの症状がおきます。
ドライアイ	涙の分泌が減り目の表面が乾燥した状態です。乾燥した感じがしてひどくなると黒目白目にキズができます。目が疲れやすい、物がかすんで見える、ゴロゴロするなどの症状があります。
コンタクト過剰装用症	コンタクトレンズの着けすぎが原因です。痛み、充血、まぶしさなどの症状が出ます。
眼瞼炎 (がんけん)	目の周囲のただれ、かぶれ、かさつき、切れなどで、かゆみや痛みを訴えます。
内反症 (ないはん)	逆さまつげのことです。異物感を訴えてよく目をこすります。黒目が傷つくことがあり、症状が強いときは手術が必要な場合があります。
麦粒腫（ものもらい） (ばくりゅうしゅ)	まぶたにある脂や汗を出す腺に細菌が感染しておこる急性の細菌感染です。目が赤い、目がかゆい、ごろごろする、腫れるなどの症状が見られます。ひどくなると目の周囲に感染が広がっていくことがあります。
霰粒腫 (さんりゅうしゅ)	まぶたにあるマイボーム腺の出口がつまって慢性的な炎症が起きる結果、肉芽腫という塊ができる病気です。麦粒腫と異なり、細菌感染を伴わない無菌性の炎症です。痛みはありません。

＊資料編136ページの「主な眼科所見名の説明」も参考にしてください。

目薬の常識　ウソ？ホント？

Q 目薬は何滴もさすほうがよく効く？

A 目薬は1滴しか目に留めることができないため、2滴以上さしても流れてしまい、効果は変わりません。

Q 点眼後はまばたきをしたほうがよく効く？

A 点眼後、まばたきをすると、目がしらにある涙点(るいてん)から、目薬が鼻に流れ出て、効果が減ってしまいます。点眼後は目を軽く閉じて、1～5分間、目がしらの下を指で押さえてください。

目にいい食べ物は？

■ビタミンA
物を見る働きを助けたり、目の表面の乾燥を防いでくれます。
レバー・卵黄・うなぎ・人参
ほうれん草・ブロッコリーなど

■ビタミンB
目の粘膜を守り、疲れ目や目の充血、炎症を防いでくれます。
納豆・豚肉・牛肉・ごま・きのこなど

■ビタミンC
疲れ目や目の充血を防ぐ働きがあります。
いちご・キウイフルーツ・オレンジ・緑黄色野菜など

■ビタミンE
目の老化の進行をゆっくりにしてくれたりします。
緑茶・アーモンド・コーン油など

参考資料：『家庭の医学』（2018年）主婦の友社

目が変形!? 眼軸（軸性）近視が増えています!

近視とは?

　眼に入ってきた平行光線が、網膜より前で焦点を結んでいる状態のことを言います。つまり、**近くのものは、はっきりと見える一方、遠くのものはぼやけて見えます。**

　原因としては、眼球の長さである「**眼軸**」の長さが正常よりも長くなっているからだそうです。「眼軸」とは、角膜から網膜までのまでの長さのことです。眼軸の長さが伸びたために、網膜より前で焦点が合ってしまうために近視になります。医学的には軸性近視といいます。

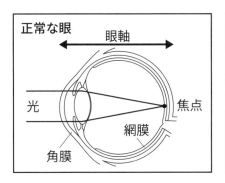

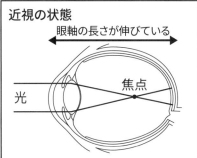

　眼軸は**日本の成人で平均24mm**。近視が進むと子どもでも大人以上の長さになることもあります。**眼軸は一度伸びると戻りません。**極端に言うと、目の形が変わるということです。

> 12cm以上だった人、今は大丈夫でも、今後は…?

自分が強い近視かどうか簡単チェック方法

裸眼で指紋が見える（ピントが合う）距離を確認します。目と指の距離が12cm以下なら要注意!!

眼軸近視の原因は?…大きく2つ!

❶近業（ものを近くで見ること）

　眼軸は近くを見る時間が長いほど伸びていきます。勉強中やゲーム、携帯を触っている時の姿勢、近づきすぎてはいませんか?

❷合わない眼鏡をかけている

　世の中の8～9割の人が合わない眼鏡をかけているそうです。最適な眼鏡の度数というのは、目の状態や生活スタイルによっても違います。遠くが良く見える眼鏡は、近くを見るときに負担となり、近視が進むリスクにもなります。

眼軸近視になると?…病気のリスクが上がります!

白内障（レンズの役割をする水晶体が濁ってしまう病気）**になるリスク5.5倍**

緑内障（情報を脳に伝達する視神経に障害が出て視野が狭くなる病気）**は3.3倍**

網膜剥離（眼球内側の網膜という膜がはがれて視力が低下する病気）**は21.5倍**

過ごしにくさだけでなく、治療が必要になってしまう可能性があるのです。

眼軸近視の予防対策は?…世界が認める方法が2つあります!

❶屋外など明るい場所（1000ルクス以上）で1日2時間以上過ごす。

❷20分に1回20秒以上約6ｍ（20フィート）遠くをながめる。

> 室内は300～800ルクス程ですが、屋外なら日陰でも1000ルクスあります!

＊ルクス（lx）は明るさを表す単位で、数値が大きいほど明るい

参考資料：宮後宏美「軸性近視とは」『高校保健ニュース』（2021年9月発行）少年写真新聞社

コンタクトレンズ　正しい使用法

　皆さんはコンタクトレンズを使ったことがありますか？　日常的に使用している人、特別な時だけ使用する人もいれば、視力がよくて必要ない人もいると思います。コンタクトレンズは目にとって異物であり、誤った取り扱いをすると、感染症などの重い合併症（がっぺいしょう）を引き起こすことがあります。

　皆さんの大切な目を守るためにも、コンタクトレンズの正しい知識を身につけておきたいですね。

コンタクトレンズに関するあれこれ

レンズは角膜（黒目）の上につけます。コンタクトレンズは酸素を通すように作られているので、目に必要な酸素は届いています。しかし！ レンズをつけたまま眠ってしまうと、角膜が酸素不足になり、目にトラブルが起きる可能性があります！ **寝るときは必ずレンズを外しましょう！**

まぶたの裏は袋のようになっているから、**レンズがずれても目の裏にいくことはありません。**

体育や部活のときもレンズはつけたままで大丈夫ですが、心配な人は、1日使い捨てタイプを使用するか、予備を持ち歩くことをおすすめします。

どうしてもお化粧をするときのルール。
手や指に化粧品がついたままレンズに触れると、レンズに汚れが付着し、目のトラブルのもとになります。逆に**メイクを落とすときは、レンズを外してから**にしましょう。

コンタクトレンズは、**使用できる期間が決まっています。**開封してから、1日使い捨てタイプなら1日、2週間交換タイプなら最長で2週間たったら、たとえレンズがキレイに見えても、必ず捨てて、新しいレンズと交換してください。

レンズはインターネットでも買うことができますが、**必ず目の検査を受け、眼科医に処方されたものを買ってください。**そのときの目の状態など、一人ひとりの目にぴったり合ったものでなくてはなりません。

コンタクトレンズを使用していると、目に異常を感じることがあります。**痛みや充血、かゆみ、目やになど、少しでも目に異常を感じたら、レンズをはずして眼科医に相談してください。**また、異常を感じなくても、知らず知らずのうちに、目に問題が発生している場合があります。目の健康を保つために、**定期的に目の検査を受けましょう。**

コンタクトレンズの種類

	ハードコンタクトレンズ	ソフトコンタクトレンズ
長　所	● 目に必要な酸素が届きやすい ● レンズの寿命が長い（2〜3年） ● 目の異常に気づきやすい ● 乱視の矯正に優れている	● 装着したときの違和感が少ない ● 目に密着するため、ずれにくい
短　所	● 違和感（ゴロゴロ、充血）がある（特に、使用開始後） ● 外れやすい ● 何かの拍子に外れてなくすことがある	● レンズの寿命が比較的短い ● 目の異常に気づきにくい ● 乱視の矯正がむずかしい

代表的な合併症

巨大乳頭結膜炎（きょだいにゅうとうけつまくえん）

　まぶたの裏側に乳頭状のブツブツができます。目のかゆみや目やに、充血、ゴロゴロするなどの症状もあります。変形したコンタクトレンズと結膜の接触、コンタクトレンズの汚れが原因です。

アカントアメーバ角膜炎（かくまくえん）

　アカントアメーバという原虫に感染することで発症する角膜感染症です。アカントアメーバは池や川、水道水の中に広く生息しています。発症すると非常に強い目の痛みと視力低下が起こります。ひどい場合には失明することもあります。コンタクトレンズを水道水で洗浄・保存することにより発症します。

　その他にも、角膜上皮炎（かくまくじょうひえん）、角膜潰瘍（かくまくかいよう）、角膜新生血管（かくまくしんせいけっかん）などがあります。

参考資料：「中学生・高校生のためのコンタクトレンズガイド」日本コンタクトレンズ学会

鼻のトリセツ

鼻血の止め方

鼻血は鼻の入口部から1〜1.5cmぐらいのキーゼルバッハ部位と呼ばれる鼻中隔（びちゅうかく）の粘膜から出ることが多く、鼻出血といわれ、アレルギー性鼻炎がある人に多く見られます。

30分以上止まらない場合は、鼻の奥からの出血の場合があります。このようなときは、病院受診の必要があります。

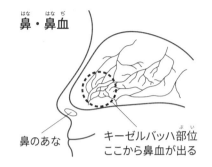

鼻・鼻血（はな・はなぢ）

鼻のあな

キーゼルバッハ部位（ぶい）
ここから鼻血が出る

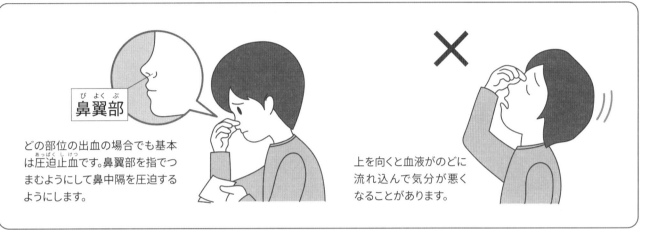

鼻翼部（びよくぶ）

どの部位の出血の場合でも基本は圧迫止血（あっぱくしけつ）です。鼻翼部を指でつまむようにして鼻中隔を圧迫するようにします。

上を向くと血液がのどに流れ込んで気分が悪くなることがあります。

鼻水が出るのはどうして？

鼻水の正体は、鼻の粘膜から1日の約1リットル出る「粘液」です。元気なときは無色透明です。

かぜや病気などでウイルスや異物が入ってきた時、それらを体の外に追い出すために、鼻水がたくさん出ます。

鼻水から考えられる病気

透明な鼻水 （サラサラしている）	かぜの引き始め アレルギー性鼻炎など
白い鼻水 （粘り気がある）	かぜのピーク時 上気道炎など
黄色い鼻水 （粘り気があり、くさいにおいがある）	かぜ、アレルギー性鼻炎、細菌感染、副鼻腔炎、異物など
緑色の鼻水 （粘り気があり、くさいにおいがある）	アレルギー性鼻炎、副鼻腔炎、慢性副鼻腔炎など

正しい鼻のかみ方

- 片方ずつ静かにかみましょう。
- 強くかまないようにしましょう。
- 1回でかみきれないときは、反対側の鼻をかんでみましょう。

■一気に鼻をかもうとすると……？

強く鼻をかもうとすると耳管（じかん）を通じて鼻から中耳（ちゅうじ）へと空気が入り、耳がポアンと詰まったようになりますが、そのときの耳の違和感は、ほとんど自然におさまります。しかし鼻水には病原体がいることが多く、耳管から病原体が入り急性中耳炎を起こすことがあります。

中耳（ちゅうじ）

耳管（じかん）

歯科健診

なぜ歯科健診を行なうの？

　人が歯を失う大きな原因は、「う歯（むし歯）」と「歯周病」です。

　学校歯科健診は、う歯や歯周病などの歯科疾患を早期に発見し、早期に治療を勧告することを目的として行なわれています。早期発見・早期治療を行なうことで、疾患が進行し歯が抜けるなどの状態になるのを避けるとともに、健康の保持増進にもつながっていきます。

歯科健診で使われる言葉（歯式や数字）の意味

　健診を受ける際は、学校歯科医の先生の言葉をよく聞き、自身の歯や口腔の健康状態を把握しましょう。健診前後で、う歯がある場合や受診が必要な場合は早めに歯科を受診するようにしましょう。

（1）歯式に記入する記号の意味

記号	歯の状態	受診
C（シー）	未処置のう歯 歯科受診・治療が必要	○
／（斜線）	異常なし	×
✕（バツ）	要注意乳歯（抜いたほうがいいか検査が必要な乳歯）	○
○（マル）	歯科医院にて治療済みのう歯	×
△・▲（サンカク）	喪失歯 △は、う歯が原因で喪失したもの ▲は、矯正や外傷、治療等によって除去されたもの	×
CO（シーオー）	エナメル質の実質欠損は認められないが、変色やう歯の可能性があると疑われる歯。「CO（要観察）」と「CO（要精検）」があり、要精検の場合は歯科受診が必要	△

（2）歯列・咬合および顎関節（歯並び、かみ合わせ、顎の関節）の状態

　0➡異常なし、1➡定期的観察が必要、2➡歯科医師による診断が必要

（3）歯垢の状態（歯の表面に付着した歯垢の状態）

　0➡ほとんど付着なし、1➡若干の付着あり、2➡相当の付着あり

（4）歯肉の状態（歯ぐきの状態、炎症があるかどうか）

　0➡異常なし、1➡定期的観察が必要、2➡歯科医師による診断が必要

（5）その他・学校歯科医所見

　歯垢と歯肉の状態を総合的に判断し、歯周疾患要観察者の場合はGO、歯科医による診断と治療が必要な場合はGとする。

　➡**歯周疾患要観察者（GO）**とは、歯肉に軽度の炎症が起きているが歯石の沈着はみとめられず、注意深いブラッシング等を行なうことによって炎症が静まるような歯肉の保持者。

今日から始めたい！ 歯周病対策

歯が抜けてしまう!?　歯周病って?

　歯周病(ししゅうびょう)は、歯と歯肉の間の溝にたまった歯垢(しこう)が原因で炎症を起こし、歯を支える土台（歯周組織）が破壊されていく病気です。右のような進行を経て、最終的には、土台が歯を支えきれなくなり、歯が抜けてしまいます。

歯周病を予防するためには

- 食後の歯みがきの習慣化。夕食後は特にていねいにブラッシング。
- 食事はよくかんで食べる（唾液の分泌量が増えるので、口の中の洗浄効果が期待できる）。
- 朝起きたらブクブクうがい（寝起きの口の中はばい菌がいっぱい）。

　歯肉炎の段階では、ていねいなブラッシングで治すことができます。ときどき歯肉の状態を確認し、また定期的に歯科医院で診てもらうことをすすめます。

> ### 歯肉炎
> 歯肉が赤くてブヨブヨ。
> 丸く厚みがありふくらんでいる。
> 歯をみがくと出血する。

> ### 歯周炎
> 重症化すると歯を支えている骨が溶け、歯のぐらつきがひどくなる。歯が抜けてしまうこともある。

親知らず、抜いたほうがよいの?

　親知らずとは、第三大臼歯(だいさんだいきゅうし)のことを指し、前歯から数えて8番目の最も奥にある歯で智歯(ちし)とも呼ばれます。10歳頃にあごの骨の中で形ができ始め、20歳頃に生えてきます。上下・左右4本が生えると、永久歯は32本になりますが、日本人の場合、生えてこない人も多いと言います。

　親知らずは、他の永久歯より遅れて生えてくるため（生える場所が不足している）、正常にまっすぐではなく傾斜したり水平に生えたり、歯肉に埋まったりすることがあります。このような状態だと、歯ぐきやあごの骨が圧迫されて痛くなったり、歯みがきがうまくできず歯垢がたまりやすくなって、う歯（むし歯）や歯周病になりやすくなります。正常で痛みがない場合は急いで抜く必要はありませんが、痛みが続いたりして気になる人は歯科医院を受診し相談しましょう。

〇 ※歯垢が溜まりやすい所

①正常に生えている途中

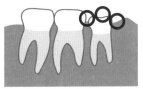

②傾斜

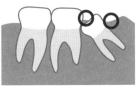

③水平

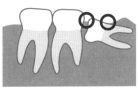

　日本歯科医師会では1989年より「80歳になっても20本以上自分の歯を保とう」という8020運動を推進しています。運動開始当初の達成者は7％程度でしたが、2017年の調査では達成者が51.2％となりました。

　歯の寿命をのばすのも縮めるのもあなたの歯みがき次第！　この機会に自分の歯や口腔の状態をしっかり観察し、食後のていねいな歯みがきを心掛けましょう！

あなたの歯肉は大丈夫？

年　　組　氏名 _____

❶ 歯肉炎のセルフチェック

　歯肉炎(しにくえん)は痛みもなく進行し、やがて歯が抜けてしまう恐ろしい病気です。次の表で該当するところに○をつけ、セルフチェックをしてください。

- ☐ 口臭があると言われている。
- ☐ 歯肉が紫色や赤色になっている部分がある。
- ☐ 歯肉がむずがゆく感じることがある。
- ☐ 歯が浮く感じがする。
- ☐ 歯みがき程度の軽い刺激で、歯肉から出血することがある。

- ☐ 朝起きたとき、口の中がネバネバする。
- ☐ 歯肉が赤くはれて、ブヨブヨする。
- ☐ 何もしないのに、歯肉から出血することがある。
- ☐ 歯ぐきから膿(うみ)が出ることがある。
- ☐ 歯が浮いて、食べ物がかめない。
- ☐ 冷たい水でうがいをすると、しみる。

＊該当する項目がいくつかあったら、歯科医院で相談しましょう。

❷ あなたの歯肉はどちらですか？　鏡で調べてみましょう

色　：うすいピンク色
形　：歯と歯の間にするどく入り込んでいる
感触：ひきしまり、歯にピッタリついている
出血：出血しない

色　：赤っぽい
形　：丸く厚みをもってふくらんでいる
感触：ブヨブヨしてひきしまっていない
出血：歯みがきをしたときなど出血する

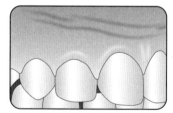
健康な歯肉

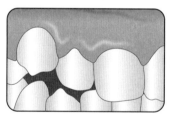
歯肉炎

鏡を見て、「○」「×」「△」で記入する
＊○は健康、×は歯肉炎の疑い、△は迷った場合

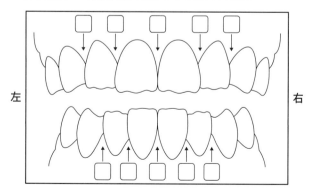
左　　　　　　　　　　　　右

気づいたこと　● _____
　　　　　　　● _____

歯・口腔(こうくう)の健康目標を立てよう!

私は、今日から

を実行します

口臭　あなたは大丈夫?

お口のニオイ、大丈夫?　口臭予防は歯みがきが大事!

　ニオイのもとは、口の中にいる口腔細菌が、含硫アミノ酸を分解して発生する揮発性の硫化合物（硫化水素、メチルメルカプタンなど）です。

　歯のあいだに詰まった歯垢（プラーク）や歯ぐきから出るウミが悪臭のもとですから、プラークコントロールをして歯周病予防をすれば、ほとんどの口臭は予防できます。

歯ブラシの選び方

柄は、ストレート

植毛は、
平行で3列

｝3列

植毛の幅は、
小指の第一関節まで
毛の硬さは、普通

歯みがきの基本

みがこうとする歯の面に歯ブラシの毛先の部分を直角に当てて、軽い力で小刻みに動かしたとき、歯垢は最も確実に、しかも簡単に落とせます。
歯みがきは次の３つがポイント！

ポイント1

毛先を歯にきちんと
当ててみがく

ポイント2

軽い力でみがく
（200gくらい）

ポイント3
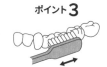
小刻みな動きでみがく
（0.5〜1cmぐらい）

■ プロ野球選手だったイチローさんは１日５回歯をみがいています。

　最近、運動と歯の関係が注目されています。運動するときには、無意識に歯をくいしばりますから、良い歯が必要です。くいしばる力がないと力が入らず、ボールは遠くに飛びません。イチローさんは、１日５回歯をみがいて歯を大切にしています。一流の選手はみな、歯を大切にしています。

疾患に応じた効果的な歯みがきの方法

むし歯予防に効果的な方法

フッ化物入り歯みがき剤を効果的に利用する

● つける歯みがき剤の量
　　使用量は1gを目安に。歯ブラシは水につけない

● 歯をみがく順序
　　むし歯になりやすい奥の歯から

● すすぎの回数
　　フッ化物を洗い流さないよう、適度に

● その他
　　１日２回以上、就寝前が有効

歯周病予防に効果的な方法

歯と歯肉の間の歯垢を歯ブラシでしっかり取り除く

● 歯ブラシの毛先の位置
　　歯と歯肉の間に直角に当てる

● 歯ブラシの動かし方
　　小刻みに、軽い力で

● その他
　　みがく順番を決める
　　歯肉が下がるとむし歯に
　　なりやすい

＊フッ化物の利用については、さまざまな意見があります。

参考資料：千葉県歯科医師会『素敵な笑顔になるために』（2020年）
　　　　　厚生労働省HP

顎関節症

何らかの原因で耳の穴の前にある顎関節や下あごを動かす筋肉（咀嚼筋）に負担がかかってしまうと、食べ物をかむと顎関節や咀嚼筋に痛みを感じる、口の開け閉めをするときに顎関節からカクカク・ゴリゴリと音がする、口が大きく開かなくなる、などの症状が起こります。

顎関節症の自己チェック

いくつか該当する人は顎関節症の可能性あり

- ☐ 食べ物を噛んだり、長い間しゃべったりすると、顎がだるく疲れる
- ☐ 顎を動かすと痛みがあり、口を開閉すると、特に痛みを感じる
- ☐ 耳の前やこめかみ、頬に痛みを感じる
- ☐ 大きなあくびや、りんごの丸かじりができない
- ☐ 時々、顎がひっかかったようになり、動かなくなることがある
- ☐ 人差し指、中指、くすり指の3本を縦にそろえて、口に入れることができない
- ☐ 口を開閉したとき、耳の前の辺りで音がする
- ☐ 最近、顎や頸部、頭などを打ったことがある
- ☐ 最近、かみ合わせが変わったと感じる
- ☐ 頭痛や肩こりがよくする

資料：慶應義塾大学病院KOMPASから許可を得て転載（資料は原文のままです）　https://kompas.hosp.keio.ac.jp/

顎関節症の発症に関わる生活習慣

該当する数が多いほどなりやすい

- ☐ 「歯ぎしりをしている」といわれたことがある
- ☐ 起床時、日中、気がつくと歯をくいしばっていることがある
- ☐ 食事のときは、いつも左右のどちらか決まった側でかむ
- ☐ 物事に対して神経質な面がある
- ☐ 職場や家庭で、ストレスを感じることが多い
- ☐ 夜、寝付きが悪い、ぐっすり眠れない、途中で目が覚める

資料：慶應義塾大学病院KOMPASから許可を得て転載（資料は原文のままです）　https://kompas.hosp.keio.ac.jp/

治療

一般的にはスプリント（マウスピースのように上、もしくは下の歯列にかぶせるプラスチックの装置）を用いて、かみしめたときの顎関節や咀嚼筋への負担を軽くする治療を行ないます。
鎮痛剤の服用や開口訓練、マッサージで、また、歯ぎしりや食いしばり、姿勢、ほおづえ、うつぶせ寝などの癖を治す生活習慣の見直しで、改善する場合もあります。

心臓の役目と働きって何？

心臓は全身に血液を送り出すポンプの働きをしており、臓器の中でも一番重要な役目をしています。大きさは握りこぶしくらいの大きさで右心房、左心房、右心室、左心房の４つの部屋に分かれていて、それぞれの部屋は「弁」で仕切られています。「弁」は心臓の動きに応じて血液の逆流を防ぎます。

働き者の心臓　今まで何回拍動した？

生まれたての赤ちゃんは、１分間におよそ120回。

子どもは１分間におよそ100回。

大人は１分間におよそ70回。

自分の年齢を分にしてかけ算をすると今までに何回働いたかがわかります。

現在10歳だとして０歳から６か月間を生まれたての赤ちゃんとして計算すると、

「赤ちゃんの時におよそ3,154万回。それから現在までの10歳で４億9,932万回、合計５億3,086万回拍動」

してくれたことになります。

「疲れた　休みたい」と文句を言わないでよく働いてくれるタフな臓器です。

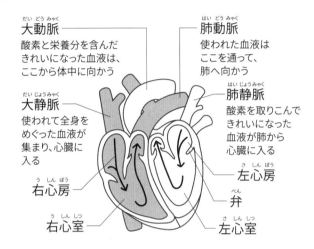

大動脈
酸素と栄養分を含んだきれいになった血液は、ここから体中に向かう

肺動脈
使われた血液はここを通って、肺へ向かう

大静脈
使われて全身をめぐった血液が集まり、心臓に入る

肺静脈
酸素を取りこんできれいになった血液が肺から心臓に入る

右心房
左心房
弁
右心室
左心室

心房は血液を受け取り、心室は血液を送り出します。
← 矢印は血液の流れを表します。

心臓はがんにならない？

肺、胃、食道、肝臓…などいろいろな場所にがんができるのを聞いたことがあると思います。でも心臓にがんができたというのを聞いたことがありますか？　聞いたことがないと思います。めったに心臓にがんはできないのです。

人間の身体は細胞でできていて、細胞分裂を繰り返して古い細胞から新しい細胞に変わります。そのときに正常な細胞の調節のしくみがこわれて、がん細胞ができて勝手に細胞分裂を繰り返して増え器官の働きをそこない、他の器官にも移って最後には命さえ奪うことがあります。

しかし、心臓の筋肉の細胞は、まったく増殖をしない特別な細胞です。増殖をしない細胞でできているのでがんにならないということなのです。

動物の脈拍はどのくらい？

サイズが小さな動物の脈は人よりずっと速いです。ハツカネズミは１分間に600回〜700回、ウサギは200回、猫は110回。

サイズが大きな動物の脈は少ないです。牛は60回、象は20回、クジラは３回といわれています。

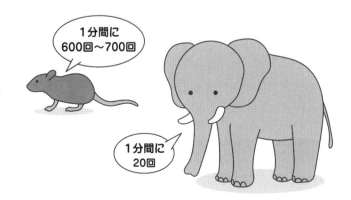

1分間に600回〜700回

1分間に20回

参考資料：『驚異の小宇宙 人体①生命誕生 心臓 血管』（2004年）小学館
石黒幸司監修／久保田昌子編著『からだとこころの教室③』（2003年）東山書房

病気発見の第一の手がかり　心電図検査

心電図検査ってどんな検査?

　小学校1年生、中学校1年生、高校1年生では、心電図検査を行なうことになっています。全身に血液を循環させるために心臓の筋肉が拡張(かくちょう)と収縮(しゅうしゅく)を繰り返すとき、微弱な活動電流が発生します。その変化を波形として記録し、その乱れから病気の兆候(ちょうこう)を読み取ろうとするのが心電図検査です。

　心臓の疾患に関する検査の中では比較的簡単に行なえるものであることから、病気発見の第一の手がかりとしてよく用いられます。

どうやって検査をするの?

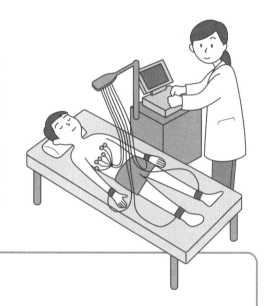

　検査台にあお向けに寝ます。それから、電気を通りやすくするために、電極をつける部分にクリームを塗ります。そして、両手首と両足首、胸に電極を取りつけ、心臓の拍動(はくどう)にともなって起こる微細な電位変動を記録していきます。検査時間は3〜5分です。

　器械から体に電流を流すのではありません。心臓が鼓動するとき発生する微細な電流を器械で測定するのです。ですから、痛みはまったくありません。体の力を抜きリラックスしてあお向けになってください。

検査時の注意点

❶ 検査前には、運動・かけ足はしない。できるだけ静かに待つ。

❷ 検査前にトイレに行き、排尿しておく。

❸ 安静時の心電図をとるので、静かに心を落ち着け、検査に集中する。おしゃべり厳禁!

❹ 自分の順番が近づいたら受付を済ませ、「心疾患(しんしっかん)調査票」をもって部屋に入る。台に上がる前に係の人に「心疾患調査票」を渡し、自分の名前を告げる。

❺ 検査時の服装は、上はジャージ(下に必ず半袖体操服を着用。ブラジャーははずす)、下はハーフパンツ。検査後の更衣は休み時間に行なう。上のジャージは検査室の中で脱ぎます。

突然死の約7割が心臓に原因!

　毎年、学校内または通学中に100人近くの児童生徒が死亡しています。そのうち約半数の児童生徒が突然死であり、突然死の原因を見ると約7割が心臓に起因した突然死です。

　年齢別にみると、高校生が最も高頻度で、中学生、小学生の順となっていました(日本スポーツ振興センターの資料より)。

心臓突然死を防ぐためにも心電図検査は大切です

　心臓突然死発生の状況をみると、運動中、もしくは運動直後に起こり、運動と関係があると言われています。早期に心臓の異常が発見され、日常における運動の仕方や生活の仕方を注意し、適切な生活を行なうことにより、多くの突然死の予防が可能であるといえます。

心電図の波形について

　初めに、小さなドーム状の波「P波」は、心臓を収縮させる命令を出す洞房結節にスイッチが入り、心房が収縮したことを指します。

　次にとがった背の高い「R波」、R波の前後には小さな下向きの波「Q波」と「S波」があります。P波の始まりからQ波の始まりまでは、電流が心房から房室結節に流れており、QRS波の部分で心室に電気が流れて心臓全体が収縮しています。

　次にやや大きなドーム状の「T波」があり、これは心臓が一次的に弛緩していることを表しています。

　心電図の波形はこの5つの波の繰り返しからできており、心臓のどこかに異常があると波形が変化します。

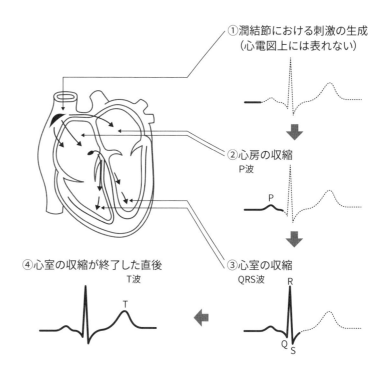

①洞結節における刺激の生成
（心電図上には表れない）

②心房の収縮
P波

③心室の収縮
QRS波

④心室の収縮が終了した直後
T波

心電図検査からわかる心臓の病気

　心電図検査ではさまざまな心臓の病気や異常を発見することができますが、今回は学校検診で見つかりやすい不整脈、脚ブロック、弁膜症、期外収縮について説明します。

不整脈

心臓を収縮させる刺激が規則正しく作られず、心臓のリズムが乱れている状態です。健康な人にも表れることがありますが、突然死につながりやすい不整脈もあるので注意が必要です。

脚ブロック

脚とは心臓の興奮を素早く伝える組織の一部ですが、ブロックされると左右に分かれている心臓の部屋への信号がうまく伝わらなくなります。右心室への信号が伝わりにくいことを右脚ブロック、左心室へ伝わりにくいことを左脚ブロックといいます。

弁膜症

心臓には、血液の逆流を防ぐために4つの弁がありますが、弁膜症はこの弁が開きにくくなったり、閉じにくくなったりする病気です。動悸や息切れ、疲れやすいなどの症状があります。

期外収縮

心臓を動かす電気のリズムの異常によって、心臓が本来の時期を外れて早く収縮する状態で不整脈の一種。脈が飛んだように感じることや、胸の不快感や動悸、めまいなどの症状がでることもあります。

心電図検査で見つかる心臓の病気は、命にかかわるものもたくさんあります。病気や異常が見つかった人は早めに専門医を受診し、詳しい検査を受けましょう。

＊資料編138ページの「心電図検査結果について」も参考にしてください。

結核検診（胸部X線検査）

胸部X線検査は何のために行なわれるの？

胸部X線検査（きょうぶえっくすせん）は、胸の部分にX線を照射して胸部分の病気を調べるために行なわれる検査です。

X線は人体を通り抜けますが、骨のように通り抜けにくいところは白く、肺のように空気の多い部分は黒くうつります。このようにして、体内の様子を知ることができます。

主に呼吸器（気管・肺など）、循環器（心臓など）に病気があるかどうかを検査するために行なわれ、肺炎（はいえん）、結核（けっかく）や肺ガンの診断に有用です。一方、肺といっしょに心臓や大血管も映るので、心臓の病気が見つかるきっかけにもなります。

なお、高校生の胸部X線検査は「結核の有無を調べる」目的で行なわれています。高校生では、学校における集団感染の報告も小中学生と比べると多く、学校検診によって結核患者が発見される場合が多いため、結核の早期発見のために高校１年生で胸部X線検査を行なうことになっています。

結核とはどんな病気？

- 結核菌によって体が侵される病気で、**人から人に感染**する感染症
- 咳や微熱などの風邪のような症状が長く続き、放置すれば重篤な症状を起こし死に至ることも
- 現在の日本の結核にかかっている人（罹患率（りかんりつ））は、2018年人口10万人あたり12人（約8,000人に１人）で、他の先進諸国の数倍の高さであることから、日本は「結核中進国」と位置づけられています

➡結核は、全身性の疾患ですが、**約90％以上は肺に病巣（びょうそう）（病気にかかっているところ）をつくります**。結核になって、結核菌を放出している人が咳やくしゃみをすると、その中には結核菌が混じっているので、他の人がそれを吸い込むことによって感染します。約90％の人は、体の免疫反応（めんえきはんのう）で結核菌を殺したり、結核菌を閉じ込めたりして体を守るため、発症しません。

➡しかし、一部の結核菌は肺のどこかで、眠ったまま生き続けています。一生を終えるまでそのままの場合もありますし、数年、数十年後にその人の免疫力が低下した時に目覚めて、結核を発症することもあります。

➡結核と聞くと、命にかかわる恐ろしい病気だと思うかもしれませんが、現在は薬で治療をすれば治る病気です。そして通常の人と同じ生活を送ることができます。

歴史上の人物では、正岡子規・沖田総司・ショパン・高杉晋作・樋口一葉などが結核で命を落としたといわれています。

お笑いコンビ「ハリセンボン」の箕輪はるかさんやタレントのJOYさんが肺結核を発症してニュースになっていましたね。

X線検査とはどのような検査なの？

胸部X線検査では肺の中の影や、心臓の大きさなどいろいろなことがわかります。その他、腹部のX線検査では腸管ガスの異常や結石など、また骨の検査では骨折の有無などたくさんの情報が得られ、全身を対象に検査が行なわれています。

どれくらい時間がかかるの？

1回のX線撮影は一瞬のうちに終わりますが、いろいろ方向を変えて何回か撮る場合もあります。息を吸ったり、吐いたり、止めたりという指示をされることもあります。撮影室や検診車における入室から退室までの時間は着替えなども含めて数分〜10分程度です。

検査の際、ボタンや金具、プリントの服を着てはいけないのはなぜ？

X線写真では、X線を通しにくい金属類が白く写ります。逆に水や空気など、X線を通しやすいものは黒っぽく映る性質があります。そのため、金属やボタンのついた下着や洋服は、金具の部分がそのまま体と重なって見え、よけいな影となってしまいます。

また、湿布などの貼り薬やTシャツなどの特殊な塗料で描かれたプリントなども写りこんで体の異常と捉えられてしまう恐れがあります。

このようなことを防ぐためにも、検査の際は学校指定のTシャツまたは無地のTシャツを身につけるようにしましょう。

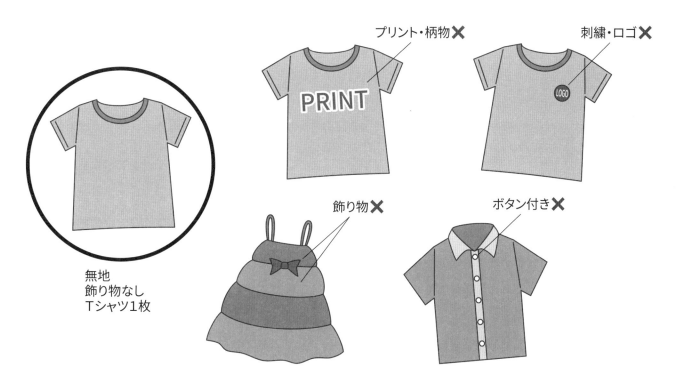

無地
飾り物なし
Tシャツ1枚

プリント・柄物✖

PRINT

刺繍・ロゴ✖

LOGO

飾り物✖

ボタン付き✖

X線検査による被ばくが心配。検査を受けて大丈夫？

結論から言えば、大丈夫です。通常のX線検査によって身体に異常が起きた、がんが発生したという具体的な報告はありません。放射線の影響を心配するよりも、X線検査により、病気があるのかないのか、あるとすればどんな病気なのか判断する情報を得るほうが大切な利益のあることなのです。

X線検査による被ばく量は、誰もが毎日浴びている自然放射線と比べてもそれほど多い量ではありません。

甲状腺が腫れている

甲状腺の位置

　甲状腺は首の前側、のどぼとけのすぐ下にあります。

　蝶が羽を広げたような形で器官を包み込むようにあり、たて4cm、厚さ1cm、重さ15gくらいの小さな臓器です。通常は手で触ってもわからないことが多いです。

　腫れてくると手で触ることができ、首を見ただけで腫れていることがわかります。

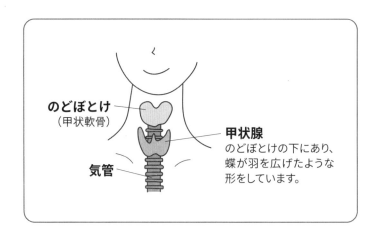

のどぼとけ
（甲状軟骨）

甲状腺
のどぼとけの下にあり、蝶が羽を広げたような形をしています。

気管

甲状腺の働き

　甲状腺は、食べ物に含まれるヨウ素を材料にして甲状腺ホルモンを作り、血液中に分泌するところです。

　甲状腺ホルモンは成長や発達を促進し、新陳代謝を促進する働きがあります。活動するためのエネルギーを作ったり、体温調節、発汗や、脈を速くさせたりします。

　甲状腺ホルモンは、多すぎても少なすぎても体調が悪くなります。

甲状腺の異常について

おもに3つに分けられます。
1 甲状腺ホルモンが多い状態（バセドウ病など）
2 甲状腺ホルモンが少ない状態（橋本病など）
3 甲状腺に腫瘍ができた場合（良性・悪性）

甲状腺ホルモンが多い時

　疲れやすい、だるい、しんどい、動悸、汗が異常に多い、手足がふるえる、イライラする、脈がはやい、体重減少、足のむくみ、息切れ、眼球が出てくる、などがあります。

甲状腺ホルモンが多い時

- 疲れやすい
- 手足がふるえる
- だるい
- しんどい
- イライラする
- 足のむくみ
- 汗が異常に多い
- 動悸
- 息切れ
- 脈が多い
- 体重減少

甲状腺ホルモンが少ない時

　疲れやすい、だるい、しんどい、むくむ、便秘、うつ傾向、眠い、気力がない、手足などが冷たく感じる、などがあります。

■病院では

　血液検査でホルモンの状態を確認します。その他には超音波検査で甲状腺の大きさ、特徴、血流状態、場合によっては循環器系の検査をすることもあります。

甲状腺ホルモンが少ない時

- 疲れやすい
- むくむ
- だるい
- しんどい
- 便秘
- うつ傾向
- 髪の毛が抜ける
- 眠い
- 気力がない
- 生理の量が多い
- 手足などが冷たく感じる

尿検査　腎臓病・糖尿病は早期発見が大切!

腎臓病は自覚（むくみや血尿、高血圧、だるさなど）がないまま静かに進行し、気がついた時には手遅れということが多い病気です。
　早期発見には「尿検査」しかありません。

全員提出をめざします!

たんぱく・糖・血液の反応をチェック

**月　日（　）
提出日です。**

提出日は
1次：　月　日（　）、月　日（　）、予備日　月　日（　）
　　（2日間で回収、予備日は女子のため）
2次（再検者）：　月　日（　）、月　日（　）、月　日（　）
提出について：2日間は、登校後ただちにクラスの保健委員に提出、名簿に
　　　○をつける。保健委員は　時　分までに回収した検体と名簿を持って
保健室へ来てください。

採尿の極意（コツ）

❶ 朝起きて1番の尿です。
❷ はじめの尿は見送り、排尿の途中で中間尿をゲットすべし。
　☆前日にビタミンCを取りすぎない（潜血が消えてしまうことがあります）
　☆寝る前に必ず排尿し、忘れないように念じる……
※遅刻者は直接保健室へ持参する。
※女子の生理中は、終わってから提出。容器は保管しておき、次回に提出。

■腎臓とは

腰のあたり、背骨の両側に1つずつある内臓です。
● 血液の中のいらないものをとりのぞき、尿をつくる働きをしています。
● 血液を作るホルモンや血圧を調整するホルモンをつくります。
● 骨を作るビタミンDをつくります。

必ず、忘れずに検査を受けましょう!
容器をトイレの目立つところに置いておくと
忘れにくいと思います。

腎臓は大切!

時間厳守

こんなことがありました。
①学校に来ているのに昼過ぎに提出。検査機関の回収の後だったので、やり直し。
②生理中で提出。潜血でひっかかり、二次検査になった。

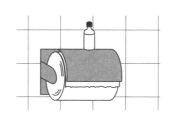

どうして尿検査をするの？

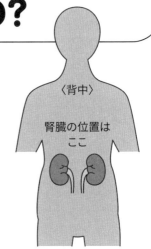

〈背中〉

腎臓の位置は
ここ

尿検査は尿の中にタンパク・糖・血液が混じっていないか調べる検査です。

尿は腎臓で作られ、血液中の不要な物質を体の外に排出する大切な働きがありますが、この3つは通常、尿中には排出されない物質です。

尿検査でタンパクや糖、血液が尿中に排出されていないかを調べることで、自覚症状が出にくい腎臓の病気や糖尿病などの病気を早期発見し、早期治療に結びつけることができます。

尿検査で調べられる項目と、考えられる病気

尿蛋白（にょうたんぱく）

糸球体腎炎（しきゅうたいじんえん）、ネフローゼ症候群、尿路感染症（にょうろかんせんしょう）など

尿蛋白は、尿の中にタンパクが検出される状態です。動いたり立っていたりすると出やすいことがあります（起立性蛋白尿）。将来的に腎臓が悪くなることはありません。この影響を避けるため、尿検査は朝起きてすぐの尿で検査をします。

まれに「腎炎（じんえん）」などの病気が考えられるので、タンパクが検出された場合は再度検査を受けましょう。

尿糖（にょうとう）

糖尿病（とうにょうびょう）、腎性糖尿病（じんせいとうにょうびょう）、甲状腺機能異常（こうじょうせんきのういじょう）など

糖尿病は、尿の中に糖が検出される状態です。最近は生活習慣の乱れなどによる小児糖尿病が増えていることが問題になっています。糖尿病は進行すると糖尿病性腎症（じんしょう）（尿が正常に作れなくなる）、糖尿病性網膜症（もうまくしょう）（目が見えなくなる）、糖尿病性神経症（しんけいしょう）（手先や足先が壊死する）などの重大な合併症が起こるため、糖尿病の早期発見のためにも尿検査は大切です。

まれに、特に治療を必要としない腎性糖尿といって、腎臓から糖がもれやすい人が見つかることがあります。

尿潜血（にょうせんけつ）

急性・慢性腎炎（きゅうせい・まんせいじんえん）、膀胱炎（ぼうこうえん）、腎臓や尿管の結石（けっせき）など

尿の中に血液が検出される血尿ですが、目で見て血尿かどうかわからないときは、無症候性（むしょうこうせい）血尿（けつにょう）の場合が多く、それほど心配ありません。しかし、まれに「急性腎炎」「慢性腎炎」「結石」「膀胱炎」や「血管の障害」などの病気が見つかることもあります。

女子の場合、生理中や生理前後の尿を検査に出すと血液が混ざってこの項目が陽性となってしまいますので、もし生理にあたってしまう可能性がある場合は別の日に提出するようにしましょう。

＊無症候性血尿とは、潜血以外に異常が認められないものです

検査の前日にはビタミンCの豊富なジュースや果実、サプリメントはとらないように！

ビタミンCは多くとると尿中へと排出されます。尿検査では、大量のビタミンCが尿中に存在すると、潜血の異常があっても異常なしと判定されてしまうことがあります。

最近売られている飲料には大量のビタミンCが含まれているものが多いので、検査の前日には注意が必要です。

尿を観察して自分の身体の状態をチェック!

　尿の色の変化は健康状態を知らせてくれます。尿の色は、もともと健康（正常）なときは黄色〜淡い黄色で透明です。尿の色が淡黄色に見えるのは、胆汁（肝臓から分泌される消化液）に含まれて運ばれてくるビリルビンという黄色い色素のためです。

　精神的なものや、水分の摂取量、発汗量、食事や薬、運動量などによって尿の状態は変化します。

　尿が白く濁っていないか、血が混じっていないかなど、色や透明度を中心にチェックしましょう。

色	考えられる状態と対応
無色	大量に水分を飲んだ後の尿は無色に近くなります。 また、尿崩症などの病気にかかると、透明な尿が途切れることなく出ます。大量の飲水の場合は心配ありませんが、尿崩症の疑いがあるときは、内科を受診しましょう。
乳白色	尿が白くにごって、膿が混じる場合もあります。多くの場合は、尿路感染症で女子の場合は膀胱炎の可能性が高いです。淋病など尿道炎の疑いもあります。 膀胱炎や尿道炎の場合は、婦人科や泌尿器科を受診し、抗生物質や抗菌薬を服用します。膀胱炎の予防は、トイレを我慢しない、冷やさないことです。
黄色	健康な人の新鮮な尿は、淡い黄色をしています。 ビタミンB2剤を服用しているときは、尿の色が濃い黄色になることがしばしばありますが、透き通った淡い黄色ならば、きわめて正常な状態で、色に関しては、とくに心配する必要はありません。
黄褐色	健康な人でも、スポーツなどで大量に発汗した後の脱水時や、朝、起きたとき（身体の水分が睡眠中に奪われているために、尿が濃縮される）や風邪などの発熱時などには尿の色が濃い黄褐色になります。この場合は一時的なものなので病気の心配はありません。 まれに胆石症などの病気で、黄褐色の尿が出ることがありますので、心配な場合は内科を受診しましょう。
赤〜赤褐色	下剤などの薬や、赤い色素を含んだ飲食物の影響で、赤くなることもあります。それ以外で、尿の色が赤くなっていたら、最も注意が必要です。 尿に血液が混じるということは尿が作られて排泄されるまでの腎臓・尿管・膀胱・尿道の尿路のどれかが病気である可能性があります。 若い人に最も多いのが尿路結石ですが、尿路結石の場合は突然の腹部や背中の激痛を伴います。 ※女子の場合は、月経（生理）のことも考慮しなければなりません。

これから健康診断が始まります！　自分の健康状態を知るために必要な検査・検診です。

この機会に、自分の体のことをきちんと理解し、日々健康的な生活を送れるように心がけましょう。

学校検尿で発見される腎臓病

検尿の目的は腎臓病を早期に発見して適切な治療と管理をすることです。学校検尿ではいったいどんな病気が発見されやすいのでしょうか。少しだけご紹介します。

■ 体位性蛋白尿（起立性蛋白尿）

安静に横になっていれば蛋白尿は出ませんが、上体を起こしたり立っていたりすることにより蛋白尿が出現します。蛋白尿が出る原因は不明です。現在ではこのような現象は病気ではないとされています。

■ 無症候性蛋白尿

蛋白尿のみ見られるが、浮腫やその他の病気の症状が実際に現れていない状態です。そのまま安定してむくみや高血圧の症状も出ない場合もあるし、慢性腎炎になる場合もあるので、経過観察が必要です。

■ 無症候性血尿

学校検診で最も多く発見されています。尿中に赤血球が認められますが、それ以外の尿異常は認められない状態です。家族性のことも多くあり、まれに腎炎などが発見される場合があります。

■ 蛋白尿・血尿群

蛋白尿と血尿が同時に認められる病態で、腎炎、その中でも特に慢性腎炎の可能性が高い病態です。この暫定診断が出た場合は放置せずに専門の医療機関にて経過を観察し、必要な場合は詳しい検査を受ける必要があります。

■ 慢性腎炎症候群

蛋白尿や血尿が持続的にみられ、病気の進行とともに、むくみや高血圧などのほかに腎臓の働きの低下が見られます。

検尿で見つかる頻度が高いIgA腎症とは？

主な症状は、血尿と蛋白尿です。免疫グロブリンA（IgA）が糸球体に付着して炎症を起こしている状態です。多くは学校検尿によって無症状の時期に血尿・蛋白尿が出たときに行なう腎生検（腎臓の組織の一部を取って調べる）によって診断されます。最近は早期発見と治療により治癒する人が増えています。放っておくと、腎機能が低下していきます。

上記のもの以外にもたくさんの病気を見つけることができます。
早期発見・早期治療のために必ず尿検査は受けましょう！

尿は、体の異常を知らせてくれる能力を持っています。たとえば排尿した後、尿の色を観察してみてください。濃い黄色・茶色ですか？　無色に近い黄色ですか？

その色の状態で、水分補給が足りているか確認ができます。

体内の水分量が少なくなってくると、腎臓で水分の再吸収が起こり、尿の色が濃くなります。逆に色が薄いと水分の代謝バランスが良い状態です。いつも薄い色の状態がベストですね！　意識して尿の色を見るようにしてみましょう。

守ろう　腎臓

「腎臓はものを言わない臓器」とされ、自覚症状が出た時には、病気が進行していることが多いです。早期発見のためには**「学校検尿」**が大切です。

健康のために水を飲みましょう！
1日に必要な水分摂取量（飲料水だけでなく、食事も含みます）
小中学生：80mL/kg/日　　高校生：50mL/kg/日

ここで質問

Q 腎臓にとって多量の水分を処理して多量の尿を作ることと、少量の水分を処理して尿を作ることでは、どちらが腎臓に負担をかけるでしょうか？

A 少しの水分から濃い尿を作るほうが腎臓に負担がかかります。
がまんをして水を飲まないことや排尿をしないことは大変よくありません。
精密検査の対象者は、水分の摂取量が少ないことや学校でのトイレ回数が0～1回くらいと少ないことが共通しています。トイレはがまんしない。そして1日に必要な水分摂取量をとりましょう。
「蛇口(じゃぐち)」――それは一番身近な水分補給！　学校の水は安全です。検査をしています。飲み放題です。

水分が不足すると

① 血液が濃くなるので腎臓に負担がかかる

② 血液がドロドロになるので脳梗塞(のうこうそく)、心筋梗塞(しんきんこうそく)などになりやすくなる

③ 夏だと体温が上昇し脱水症状や熱中症の原因となる

■学校のトイレと排泄について

　人間の排泄機能は、トイレ環境や衛生面が心理面に影響を及ぼします。清潔なトイレのほうが排泄回数は多いという論文があります。学校のトイレの掃除が十分ではないと、つい排泄をがまんしてしまうこともあるようです。

びっくりした話

尿検査を忘れた生徒に
養護教諭「今からトイレで採って来て！」
生徒「先生！大丈夫！まだ今日はおしっこしていないから」
10時頃の話です。もうびっくりです。体に悪いです。

そこでトイレの清掃当番へ

　清潔なトイレは健康状態をよくしますので、大変ですが、お掃除をよろしくお願いします。使う人は一人ひとりトイレマナーに気をつけて、気持ちよい状態でトイレを使いましょう！

※健康な人で、1日あたりの尿の回数は4～5回。量は800～1500mLが目安。尿の回数が少ない、尿の色が濃いと思ったら水分が足りていない証拠です。水分摂取は腎臓の負担を軽減します。
　トイレはがまんしない！　がまんすると膀胱炎(ぼうこうえん)になります！　学校では1日2回以上は、トイレに行きましょう！

運動器検診　何がわかるの？

「運動器」って？

骨や関節、筋肉、靱帯、腱、神経など、私たちの体を動かすために必要な器官です。

スポーツが好き？ 苦手？

■スポーツが好きな人（運動過多）

練習のし過ぎで運動器に過度の負担がかかっている人は、「スポーツ障害」が心配です。痛みや違和感を放っておかないように！　医師でも治せなくなってしまうことも多いです。

■スポーツが苦手な人（運動不足）

運動不足だと、必要な筋肉がついていなかったり、体が硬かったりして、必要な動きができないことも！思わぬ大けがの原因にもなることがあります。

早期発見・早期治療が大切

運動器の病気や不具合を、手遅れにならないうちに見つけて治療するために運動器検診があります。

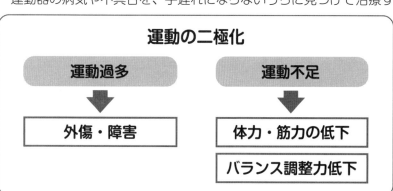

運動の二極化

運動過多	運動不足
↓	↓
外傷・障害	体力・筋力の低下
	バランス調整力低下

こんな時は、要注意！

（　）内は、考えられる病気や障害

肩やひじの関節に痛みや動きの悪いところがある
（野球肘、野球肩、テニス肘）

片足立ちが5秒以上できない
（バランス能力の低下、大腿骨頭すべり症、ペルテス病、先天性股関節脱臼）

背骨が曲がっている
（脊柱側わん症）

ひざの関節に痛みや動きの悪いところがある
（オスグット病、ジャンパー膝、半月板靭帯損傷）

腰を曲げたり反らしたりすると痛みがある
（椎間板ヘルニア、腰椎分離症）

しゃがみ込みができない
（足首の柔軟性不足、外脛骨障害、踵骨骨端炎）

やってみよう！「少しだけトレーニング」

❶ まずは、30分以上の遊びやスポーツを1週間に2回！

鬼ごっこやゴム飛び、相撲、竹馬、ジャングルジム、ボール遊びには、柔軟性や筋力をつけるのみでなく、持久力や協調性、バランス力を育みます。さまざまなものに挑戦しましょう。

❷ 家でのお手伝いでもできることが！

床の雑巾がけは下肢や肩関節周囲の柔軟性を高め、上肢・下肢・体幹筋力が向上。お風呂掃除や布団干しも上肢・下肢・体幹筋力、上下肢柔軟性、持久力の向上が図れます。

「気軽にできるエクササイズ」をやってみよう！

❶ 「バンザイした時、両腕が耳につかない」場合

よつんばいから、両手は動かさずにひざを曲げておしりを後ろに引き、肩回りをストレッチ。肩回りを柔らかくします。

20秒を2〜3セット

❷ 「ひざの後ろを伸ばしての前屈で、指先が床につかない」場合

片方の足をしっかり伸ばしたまま、かかとを椅子などにのせ、体を前に倒し（背中が丸くならないように）、太ももの裏を伸ばしましょう。

20秒を左右各2〜3セット

❸ 「片足立ちができない」場合

片方の股関節とひざの関節が90度になるように上げ、背筋をしっかりと伸ばしてバランスをとる。体幹や骨盤が左右に傾かないようにする。姿勢、バランス力が向上します。

10秒維持し、左右各5回

❹ 「しゃがみ込みができない」場合

片方のひざを立てて座り、つま先とひざを同じ方向にして、ひざを前へ倒す（かかとが浮かないようにして、ふくらはぎをしっかり伸ばす）。足・ひざ・股関節を柔らかくします。

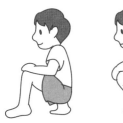

ゆっくり20秒を左右各5回

❺ 足振り・腕振り運動に挑戦！
（四肢の動きの協調性、バランス力がアップします）

片足で立ったまま、もう片方の足を、ひざを伸ばしたまま前後に振る。バランスを崩したり体がグラグラしないようにしましょう。

次に腕も交互に、一緒に振ってみましょう。

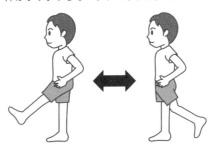

左右各20回

左右各20回

無理せずに痛くない程度で！　大事なのは習慣化です。

参考資料：立入克敏監修・解説『DVD学校における「運動器検診」のすべて』ジャパンライム

運動器検診　腰痛編

自分のペースでゆっくりと根気よく続けましょう！　痛みがないときに行ないます。

腰痛体操

1 腹筋体操（ふっきん）

仰向けに寝て、あごを引いたまま上半身をゆっくり起こし、45度の位置で約5秒間止めます。お腹の筋肉に力を入れましょう。

2 背筋体操（はいきん）

うつぶせに寝て、おへそより下に枕をはさみます。あごを引いて上半身をゆっくり起こし、約10cm上げたところで約5秒間止めます。背中の筋肉に力を入れます。このときに同時にお尻をすぼめると、お尻の筋肉も働き、より効果的です。

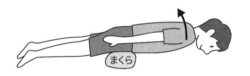

3 腰・背中のストレッチング

仰向けに寝て片ひざを両手で抱え、ゆっくりと深呼吸をしながら胸のほうへ引き付けます。約10秒間そのままの姿勢を維持します。これを左右両方の脚で行ないましょう。

4 太ももの裏側のストレッチング

仰向けに寝て片方の股関節（こかんせつ）（足の付け根の関節）を90度に曲げ、ひざの裏を両手で支えます。その位置からひざの曲げ伸ばしをし、その後、ゆっくりとひざをできるだけ伸ばします。もっとも伸びた位置で約10秒間そのままにします。

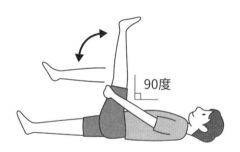

10回1セットとして、1日に2セット以上行ないましょう。

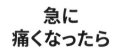

急に痛くなったら

硬い布団や診察台の上で腰を曲げてエビのような姿勢を取りましょう。

横になれる場所がなければ壁などに寄りかかって、うずくまりましょう。

参考資料：冊子「弁慶・牛若丸の腰痛教室」第一三共株式会社

「脊柱側わん症の疑い」と言われた皆さんへ

※学校での検診はスクリーニング検査のため、専門医の検査を受けてください。

脊柱側わん症ってなあに?

脊柱（背骨）が横に曲がったり、ねじれたりしている状態のことです。

脊柱側わん症が進行すると、**腰痛や背中の痛み**、**肺活量の低下等の呼吸機能の障害**、あるいは、**心理的ストレスの原因**になることもあります。

女子は初経前後に身長が伸びることもあり、急激に症状が進行する場合があります。

検診（モアレ撮影やX線検査、内科検診）で気づくことが多いです。

どうして脊柱側わん症になってしまうの?

ほとんど（80〜85%）は原因がはっきりとしていない**特発性側わん症**と呼ばれ、成長が終われば側わんの進行はないと言われています（10歳以降に発症するものは思春期側わん症と言って、女子に多く症状が出ます）。

脊柱側わん症の調べ方は?

まっすぐ立った時に

①肩の高さ

②肩甲骨の高さや位置

③左右のウエストラインの曲がり方

④両腕を垂らして手を合わせておじぎした時、左右の背面の高さに差があるかどうかで分かります。

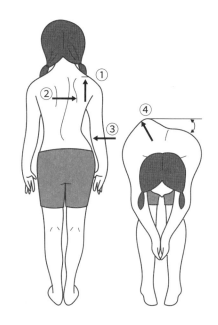

どんな治療があるの?

- 専門医による定期的な経過観察（X線撮影）を受けます。
- 側わんの進行防止と矯正のため、症状によっては装具をつけたり、手術を行なうこともあります。

軽度 （20〜25°未満）	定期的な経過観察で、進行を見逃さないようにします。
中等度 （25〜40°未満）	装具による矯正治療を考えます。
高度 （40°以上）	手術療法を考えます。適切な予防や対処も行なわれ、手術治療の安全性が向上しています。

近隣の医療機関紹介

整形外科を受診してください。日本側わん症学会のHPからも探せます。

Part 3 教職員向け

先生方に知っておいていただきたい内容を資料にしました。
子どもたちのことを理解してもらうための資料です。
職員会議のときや職員研修の配布資料として使うことができます。

食物アレルギー

　食物アレルギーとは、特定の食品を飲食することで、皮膚・呼吸器・消化器あるいは全身に生じるアレルギー反応のことをいいます。

　アナフィラキシーとは、短時間に全身にあらわれる激しい急性のアレルギー反応のことをいいます。さまざまな症状がみられ、場合によっては「アナフィラキシーショック」と呼ばれる、血圧が低下し意識障害などのショック症状を引き起こし、生命を脅かす危険な状態になることがあります。

　特定の食べ物を食べた後に運動をすることによって、アナフィラキシーが誘発されるものを「食物依存性運動誘発アナフィラキシー」といいます。

原　因	学童から高校生までの新規発症では甲殻類、果物が多く、誤食による原因物質は鶏卵、牛乳、落花生、小麦、甲殻類の順に多くなっています。

症　状

　主に2時間以内に、早い場合は30分以内に、以下のような症状が現れます。じんましんなどの皮膚症状は9割の人に現れます。ぜんそくなどの基礎疾患がある場合は、症状は早く進みます。目を離さないでください。

即時型食物アレルギーで現れる症状

皮膚	かゆみ、じんましん、むくみ、赤み、湿疹
目	充血、むくみ、かゆみ、涙、まぶたの腫れ
鼻	くしゃみ、鼻水、鼻づまり
口腔	違和感、腫れた感じ、のどのかゆみやイガイガ感
呼吸器	のどが締め付けられる感じ、のどがむくむ感じ、声がれ、咳、喘鳴（ゼイゼイ、ヒューヒュー）、息苦しさ
消化器	腹痛、吐き気、嘔吐、下痢、血便
全身	複数の症状が重なる➡**アナフィラキシー** 脈が速くなる、ぐったりする、意識がもうろうとする、血圧低下➡**アナフィラキシーショック**

緊急時に備えた処方薬

❶**内服薬（内服してから効果は30分以上かかります）**

　抗ヒスタミン薬：じんましんなどの皮膚症状に効きます

　ステロイド薬：炎症を鎮める作用があります

❷**アドレナリン自己注射薬（エピペン®）**

　心臓の動きを強めたり、末梢の血管を収縮させて血圧を上げる作用があります。気管支を拡張する作用、粘膜の浮腫を改善する作用もあります。注射後は必ず救急車を呼んで受診します。

Q 教員がエピペン®を本人に代わり打つことは問題になりませんか？

　2009年（平成21年）7月6日、医政局医事課長宛に文部科学省スポーツ・青少年学校健康教育課長より「医師法第17条の解釈について」以下の文言がありました。

　「その場に居合わせた教職員が、本人が注射できない場合、本人に代わって注射することは、反復継続する意図がないと認められるため医師法違反にならない」

（職員配布用資料）

保健室

下記の生徒は、以前に「アナフィラキシー症状」を起こしたことがあります。発症時には緊急の対応をお願いします。

食物によるアナフィラキシーとは、特定の食べ物を食べた時にじんましん、呼吸困難、意識障害などを起こす全身性の急性アレルギー反応です。学校生活の場では、速やかな対応が必要となります。

＊症状
初期の症状としては気分が悪くなり、冷や汗やじんましんが出たり、皮膚のかゆみ、目のかゆみなどがあります。
症状が進行すると吐いたり、腹痛を起こしたり、ひどい場合には血圧が低下し、意識がもうろうとして命にかかわることもあります。

○年○組○番　○○　○○さん（○○年○月○日生）にアナフィラキシーが起きた場合

昼食の時間に友人からもらった焼き菓子を食べて息苦しさと腹痛を訴えて来室しました。ぐったりしてきたために救急搬送をしました。原因物質は焼き菓子に入っていたナッツでした。その後、エピペン®を処方されました。
症状が急激に進むことがありますので、本人から絶対に目を離さないでください。
エピペン®は、担任の○○先生の机にあります。
持病にぜんそくがありますので、急速に症状が進みます。

皮膚のかゆみやじんましんなどの初期症状が現れたら
すぐに安静にする。体を冷やす（かゆみがとれる）

エピペン®を打つタイミング（日本小児アレルギー学会）
下記の症状が1つでもあれば打つ

消化器症状	・繰り返し吐き続ける　・持続する強い（がまんできない）腹痛
呼吸器症状	・のどや胸が締め付けられる　・声がかすれる　・犬が吠えるような咳 ・持続する強い咳き込み　・ゼーゼーする呼吸　・息がしにくい
全身の症状	・唇や爪が青白い　・脈を触れにくい　・脈が不規則　・意識がもうろうとしている ・ぐったりしている　・尿や便を漏らす

※「ショック」の状態にある患者の救命率はアドレナリン（商品名：エピペン®注射液）を30分以内に投与できるか否かで大きく異なる。

症状が緩和しない場合
①本人が携帯しているエピネフリン自己注射（エピペン®）を注射する
②救急車119番を要請し、AEDを近くに持って来ておく
③保護者への連絡
④嘔吐に備え、顔を横向きの状態にして寝かせ、足を高くし、救急車を待つ。打ったエピペン®は持参

保護者の連絡先
母（自宅）　○○○－○○○－○○○○

かかりつけ医
こどもクリニック　○○○－○○○－○○○○　　　　この用紙はエピペン®といっしょに入れておきます。

摂食障害

摂食障害とは

摂食障害は「神経性やせ症（拒食症）」「神経性過食症（過食症）」「過食性障害」に大別され、生物学的・心理社会的要因が複雑に絡みあって発症します。

拒食や過食、嘔吐など食にまつわる行動の変化は「症状」であり、自分の意思で止めることはできません。

摂食障害は思春期に発病し、死亡率も高く、慢性化しやすい病気です。周囲に気遣いができるまじめで頑張り屋に多く自分の本音が出せない女子に多いです。

❶神経性やせ症（拒食症）	摂取カロリーの制限や絶食、過度な運動により、やせが持続します。
❷神経性過食症（過食症）	自分では抑えることが困難な「過食」を繰り返し、体重の増加を恐れておう吐や下剤の乱用、絶食などの不適切な代償行動を繰り返します。男性も多いです。
❸過食性障害	過食を繰り返すが、不適切な代償行動はない。肥満していることが多いです。

摂食障害の症状

1日に何度も体重を量ったり、カロリーが低いものしか食べられない。自分の意思に反して大量の食べ物を発作的に詰め込んだり、食べた直後に罪悪感と体重増加の恐怖を感じて吐いたり下剤を飲むなどを繰り返す。

身体所見

無月経、稀発月経、月経不順、便秘、徐脈、血圧・体温低下、全身衰弱、皮膚の乾燥、脱水、浮腫など

摂食障害の原因ときっかけ

- その人が持って生まれた資質・気質や、その後の生活での環境要因などが複雑にからみあって発症すると言われている。誰でも発症する可能性がある
- ダイエットは摂食障害発症の重要な引き金になる
- 発症前に対人関係での心配事などストレスフルな出来事が起こっていることが多い

心理状態

- 食べるのが怖くなる　　　自分だけ太ってみえる
- 食べ物のことばかり考えて他のことに集中できない
- 体重・体形で頭がいっぱいで他のことに集中できない
- 他人の体形・体重が気になる　　　やせていると安心する

望ましい言葉のかけ方

- 「どうしたの。何かつらそうだよ」
- 「困ったことがあれば、いつでも相談に来てね」
- 傾聴する「そうか」（判断せず、批判せず話を聞く）
- 共感する「そうだよね、そう思うよね」
- 心配していることを伝える「元気ないなって心配してたんだ」
- 相手のつらい状況を認める「そうなんだ。それはつらいよね」
- 無理せずに休養することを勧める「無理しないほうがいいよ。ゆっくり休んで」

やってはいけないこと

- からだが回復したことを単純に喜ぶ。例「元気そうになった、大丈夫だ」
- 食べ物の話題をあげたり、食事の量を何度も聞く
- 頑張って食べろと強く励ます
- 早期回復のプレッシャーをかけたり、回復や進路について焦らせる
- 体重測定を強要したり、家族を責める言動や治療方針に反することをする
- 容姿や体重のことに安易に触れ、体重の増減で一喜一憂する。例「少しふっくらしたんじゃない」

保護者対応について

- 保護者は食事や身体の変化に気づかないことも多く、気づいても重症度には気づかないことが多い
- 原因を家族の中に求めると治療が遅れたり、自責の念を強め防衛的になることがある
- 本人の回復のために協力してもらう方向で働きかける

部活動顧問の先生方に知っておいてほしいこと・お願いしたいこと

- 指導者の言葉は影響力があります
- スポーツ成績重視の環境は、本人も周囲も病気だと気づきにくい傾向があります
- 子どもにより体力に差があることに配慮する必要があります
- 運動メニューは体力に配慮が必要です
- 卒業後や成人後の子どもたちの健康を考えての指導が大切です
- 不調時にはどこに相談したらよいか情報を提供してください
- 部活の成績へのこだわりが過剰で、体力が低下しているのに練習を休まない場合には、注意が必要です

摂食障害の主な後遺症

　10歳から14歳頃に身長の急速な成長があり、半年遅れて体重の急速な成長があります。さらに14〜15歳頃に骨のカルシウム量はピークになり、20歳で最大骨量を獲得します。このピーク値が高ければ高いほど年をとってからの骨粗鬆症の予防になります。思春期には重要な体の発達があり、栄養が重要なことは明らかです。

❶骨粗鬆症	拒食症の子どもは、低体重、低栄養、女性ホルモンの低下があり、骨粗鬆症を起こしやすくなっています。骨カルシウム量に影響を及ぼすのは低体重期間です。低体重期間が続くとどんどん骨量は減ります。疲労骨折もしやすくなります。
❷無月経、月経不順	無月経が1年を超えると治療は難しく回復が困難です。不妊の原因となります。摂食障害の女性の出産率が一般女性の3分の1との報告があります。また産褥期の再発傾向が高いといわれています。
❸歯の脱落	嘔吐する場合、食べた食物だけでなく胃酸などの大量の消化液もいっしょに吐き出します。胃酸は酸性なので歯を溶かします。
❹低身長	思春期に発病すると、体重減少時に身長の伸びが止まり、最終の身長が予想された身長より低くなることがあります。

**子どもたちの異常に気づくのは、近くにいる担任の先生や部活顧問の先生方です。
摂食障害の疑いのある子どもがいたら保健室までお知らせください。**

＊受診する場合は、資料編145ページの病院検索サイトのHPを参考にしてください
＊以下の「摂食障害スクリーニングテスト（日本語版 EAT-26）HP（edportal.jp）」も参考にしてください
　小学生版 primary_school.pdf　　中学生版 junior_high_school_05.pdf　　高校生版 high_school_05.pdf

参考資料：鈴木眞理『摂食障害 見る読むクリニック』（2014年）星和書店
　　　　　厚生労働科学研究費補助金『摂食障害に関する学校と医療のより良い連携のための対応指針』

リストカット

　リストカットには隠されたメッセージがあります。「切っちゃった」と告白されたらやめさせようとするより、ていねいに何があったか聞くことです。

　現在、中高生の1割が自傷行為の経験があると言われています。地域差はなく、そのうち6割は10回以上自傷行為をしているとのアンケート調査結果が出ています。

　自傷行為は、自殺企図とは異なる行動ですが、そのようなことをする子どもの将来における自殺のリスクは高いといえます。

　リストカットは『誰かの関心をひきたくて』と思われることが多いようですが、けっしてそうではありません。うまく言葉に出せない、つらい状況の中で出てきたものです。

リストカットの子ども　心の中ってどうなっているの？

切ると激しい怒りや不安、緊張、気分の落ち込みなどのつらい気持ちから気がそらせます

心の痛みをからだの痛みに置き換えています

切っているのは皮膚だけではなく意識の中で、つらい出来事やつらい感情を「切り離して」「なかったこと」にしています

つらい記憶やつらい感情から「生き延びるため」の行為です

「切るとホッ」とする「気分がスーッ」として楽になります

リストカットを繰り返してしまう理由は……？

　自傷を繰り返す人の場合、自傷直後に「脳内麻薬」のようなものが分泌されるといいます。その効果により自傷によってつらい気持ちがやわらぐ感覚を経験する、という研究結果があります。

　麻薬は耐性ができ、週に1回でよかったのが、次第に毎日、より深く、左腕だけだったのが右腕、太もも、首と切らないといられなくなります。現実の問題は解決しないままに自傷だけがエスカレートしていきます。「切ってもつらさはやわらがないが、切らないともっとつらい」という状況になります。そうなると、もともとは生きるために行なっていた自傷ですが、「死にたい気持ち」を引き寄せてしまいます。

対応について

1 「リストカットしました」――言えたことが回復への大きな一歩!

　「正直に話してくれてありがとう」「よく来たね」という言葉かけが求められます。**告白してくれたことを評価しましょう。**「なぜ切ったの?」と理由を問い詰めたり、怒ったりして責めてはいけません。つらい気持ちに共感し、寄り添ったうえで「あなたを守りたい」というこちらの気持ちを伝えるべきです。

2 リストカット禁止の声かけは禁止!　本人の苦しみを閉じ込めないこと

　まずは**子どもの気持ちを聞くこと。その態度を示すことが大切です。**可能ならやめさせたい、でもそれはとても難しい。それに一番困っているのも、やめたいと思っているのも本人であり、やめられないから相談に来ているのを忘れないであげてください。

「もう自傷をしない」という約束を強要させるのもよくありません。約束が守れなかったときに隠すようになります。また多少なりとも「応急処置」や「緊急避難」として役に立っていることを忘れてはいけません。

　最大の問題は「自傷」そのものではなく、「つらいときに人に助けを求めないことであり、背後にある問題」です。

3　感情的に反応してはいけない

　自傷を発見した時に過度に同情したり、激しく驚いたりするとリストカットが持つ力に気づき利用する場合もあります。あくまでも冷静に対応します。

> 秘密にはできない。あなたを守りたいから、ほかの先生と一緒に考えさせてほしい

4　「先生だけ、内緒にしてね」と言われたら……一人で抱えないでください

　一人で支えられる範囲には限界があります。校内だけでなく必要に応じ、医療・相談機関と連携することも考えられます。チームを組むことです。

5　「自分はあなたの味方だ」と示したうえで、親に内緒にしないように

　リストカットは親にも伝えておくべき事柄です。「自傷行為をしているという秘密を知られることを恐れているのではなく、知った親がどのような反応をするのかを恐れています。まず本人にどう伝えてほしいか確認を取ってみてください。

 例
> 「ご両親にも今のつらい気持ちを知ってもらったほうがいいね」
> 「どう説明したら気持ちは楽?」

（保護者への説明のしかた）

　保護者にどのように話すかを本人に説明したうえで同席面接に関して本人の同意を得ます。保護者には次のように伝えるとよいです。

　「自傷行為とは、自殺企図とは違うものです。同時にそれは決して『誰かのまね』ではないし『誰かの関心を引きたくて』行なうものでもありません。本人なりにうまく言葉にできない、つらい状況の中で出てきた行動なのです。ですからこのまま何の支援もしなければ、何年か先には自殺を考えなければならないような深刻な状況に陥ってしまう可能性があります。そうならないためには、継続的なカウンセリングとご家族の理解と協力が必要なのです」(松本俊彦「第108回日本精神神経学会総会教育講演　自傷行為の理解と援助」『精神経誌』(2012. 114巻8号) 日本精神神経学会 P.987より引用、一部改変)

6　他のクラスメイトに広めないこと……リストカットが流行ってしまうことがあります

　自傷行為には伝染性があります。同じようなつらい状況の友人には驚くほど簡単に伝染します。もし学校内で自傷行為に及んだ場合は、**冷静かつ速やかに静かなところに移動させましょう。夏場は長そでやサポーターをして他の子どもの目に触れない工夫が必要です。**

7　「今度切ったら病院だからね」。この言い方は厳禁! 精神科治療は懲罰ではありません!

　とはいえ受診や入院が必要な場合はあります。

（精神科受診を考える場合）

- 自傷行為をやめたいのにやめられない。または自傷行為が持つ鎮痛効果がなくなってきている
- 死にたいという思いがある
- 自傷行為の前後に「記憶が飛ぶ（解離性健忘）」現象がある
- 摂食障害などの他の精神障害が併発している
- アルコールや薬物乱用（風邪薬や鎮痛剤なども含む）を伴っている
- 性的虐待の被害を受けたことがある

> 全員に当てはまるわけではありません。
> 目の前にいる子どもの言葉に耳を傾け、対応をお願いします。

参考資料：松本俊彦『自傷行為の理解と援助』2009年、日本評論社、松本俊彦「第108回日本精神神経学会総会教育講演　自傷行為の理解と援助」『精神経誌』(2012.114巻8号) 日本精神神経学会、東京都学校保健研究会編著／鈴木裕子監修『学校保健OJTシート』(2017年) 東山書房

統合失調症

統合失調症とはどのような病気か

統合失調症は、100人に1人ぐらいの頻度で発症するといわれているので、珍しい病気ではありません。

思春期〜青年期に好発（まれに小学生にも発症します）し、特有の**陽性症状**（幻覚・妄想・緊張症状・了解不能な奇異な言動・顕著な思考障害）と**陰性症状**（無為・自閉・感情の鈍麻・平板化・意欲や自発性の欠如・会話の貧困）とをさまざまな組み合わせで生じながら長い経過をたどります。

放置すると急性症状（幻聴・妄想・興奮・支離滅裂なことを言う）の再燃を繰り返しながら、次第に社会的機能が低下していき、人格そのものの変容に至ることもあります。

原因はまだわかっていませんが、脳の研究から前頭葉や側頭葉、基底核、大脳辺縁系など脳の広い範囲で機能の障害が生じているということがわかってきています。また、ドーパミンという脳内の神経伝達物質が分泌過多であったり、あるいはそれを受け入れる神経細胞の受容体とのバランスが崩れたために障害が起こっているのではないかという説もあります。

また、進学や就職、恋愛などの生活上の変化、あるいは人間関係からくるストレスも発症要因に関わっているとも考えられています。早期対応（治療）や再発防止を心がけ、継続的な治療をしていけば、社会生活にさほど支障がないようにできる人が多いです。

症状と診断

❶幻覚

❷妄想・被害妄想

❸考えがまとまらなくなる

❹行動障害

❺意欲がなくなる

❻感情の動きが乏しくなる

❼閉じこもりがちになる

❽自分のことを自分でやっているという感じがなくなる

❾仕事や学習能力の低下

陽性症状

陰性症状

特有の症状（幻覚、幻聴、妄想・被害妄想、支離滅裂なことを言う）が現れていたらまわりも気づきやすいかもしれません。しかし思春期の統合失調症の初期は、うつ状態、不安障害、強迫性障害、対人恐怖症、赤面恐怖症、解離性障害などに、非常によく似た症状があり、専門医でも区別が難しく判断に苦慮することが多いといいます。

解離性障害、外傷後ストレス障害などの精神疾患でも幻覚が出現することがあります。そのため医療機関でのアセスメントには約3〜4か月を要することもあります。統合失調症には早期発見・早期治療が大切です。

治療の基本

幻覚や幻聴、妄想の治療は、抗精神病薬などを使った薬物療法が中心になります。よくなっても薬を飲まないと再発の可能性が高くなるので医師の指示に従うことが大切です。またどうしても規則的に服用できない場合には、1回注射すると長時間にわたって効果のある薬もあります。

統合失調症と診断された子どもと関わる際の職員の共通理解すべき点

❶ 病気についての知識を持つこと

病気の経過	個人差があるが、それぞれのペースで回復する
前兆期	はっきりとした症状はないが、眠れない、あせりがひどくなる、疲れやストレスがたまり休みたいが、ゆっくりできず、心と体のバランスが崩れた状態。気分の変動がある
急性期	陽性症状（幻覚、妄想）が出て眠れなくなって、不安がつのり、音や気配に敏感になり混乱した状態になる。入院などの休養や薬で症状を抑えることが必要
休息期	急性期によってエネルギーが消耗され、ひたすら休養が必要な時期。十分な休養と睡眠、規則正しい生活リズムが回復へつながる。眠気が強い、体がだるい、ひきこもり、意欲がない、やる気がでない、自信がもてない
回復期	気持ちよく眠る、リラックス、自分のペースであせらず、ゆっくり、のんびりとやる

❷ できるだけ早期対応をこころがけること

前兆期に休養したり、ストレスの負荷を軽減させるなどの対処が必要

❸ 治療を継続するよう励ますこと

回復してくると自己判断で服薬を中止したり、治療中断をしがちになるので治療の継続を励ましたり、服薬についても主治医と相談することを勧める

❹ 再発のサインに注意すること

再発のサイン	まったく眠れない、食欲が落ちる、音に敏感になる、イライラがひどくなる、体がきついと感じる、気持ちがひどく焦る　など

統合失調症と診断された子どもと教職員が関わる場合の注意点

❶ 妄想を活発化するので、症状について詳しく聞くことは控える

❷ 約束事を守る。子どもから「言わないで」と言われたような事項については、特に緊急性がある場合（強い自殺念慮など）以外は約束を守る

❸ 症状が激しい場合、急性期の場合は比喩やたとえ話を用いない
現実に「今、ここで」起こっている事のみを話題にする

❹ 保護的な立場を維持し批判めいたことは言わない

❺ 原因を問いただすことはしない

入院の種類について

任意入院	本人に説明をして同意を得て入院するもの。
医療保護入院	医療及び保護のために入院を要すると精神保健指定医によって診断された場合、精神病院の管理者は本人の同意がなくても、家族等の同意により、精神科病院に入院させることができる制度。
措置入院	「ただちに入院させなければ、自身を傷つけ、または他人を害するおそれがある」と2名の精神保健指定医の診察が一致した場合、都道府県知事または政令指定都市市長の命令により、精神科病院である指定病院に入院させることができる制度。警察官、検察官、保護観察所長、矯正施設長に上記の疑いがある者の通報義務がある。入院費は、原則として保険と公費によってまかなわれ、所得にもよるが、自己負担はほぼない。

参考資料：厚生労働省HP「知ることから始めよう みんなのメンタルヘルス」

LGBTQ（性的マイノリティ）

LGBTQとは

- <u>L</u>esbian（女性同性愛者）
- <u>G</u>ay（男性同性愛者）
- <u>B</u>isexual（両性愛者）
- <u>T</u>ransgender（生まれ持った体に違和感があり、身体とは異なる性別で生きることを望む者）
- <u>Q</u>uestioning（性的指向も自認もはっきりせずどちらにもあてはまらない者）

　最近は、SOGIともいわれています。Sexual Orientation and Gender Identityの頭文字のことで、性的指向／性自認のことをいいます。

LGBTQはどのくらいの割合でいますか？

　電通ダイバーシティラボ2018の調査によると**8.9%**。これは左利きやAB型の数と同じです。
40人のクラスなら3.6人いるという計算になります。

LGBTQは育て方でなるのでしょうか？

　性的指向や性自認がどのように決まるかははっきりわかっていません。
しかし、いずれも生まれ持った特性です。

使ってはいけない言葉

✕ 差別的な言葉
　　ホモ、レズ、オカマ

◯ 省略しなければ差別用語にならない言葉
　　ホモ➡ホモセクシュアル
　　レズ➡レズビアン

ホルモン治療について

　原則的には18歳から始められます。必要と認められれば15歳以上で可能です。
　「性同一性障害に関する診断と治療ガイドライン（第4版改訂）」（2017年）によればホルモン療法の適応は、1年以上医療チームで経過を観察し、特に必要と認められれば、治療開始は15歳以上で可能と引き下げられました。不可逆的なため投与には慎重にならなければいけません。また保険適用にはならないため全額自己負担です。

戸籍の変更について

　2004年（平成16年）「性同一性障害特例法」により、以下の5つの要件が満たされれば可能です。
①20歳に達していること
②婚姻していないこと
③現在、未成年の子供がいないこと
④生殖腺がないこと、または生殖機能を永続的に欠く状態であること
⑤外観が他の性別に係る身体の性器に近似していること

性同一性障害に係る取組みの経緯

平成15年 （2003年）	「性同一性障害者の性別の取扱いの特例に関する法律」の成立（平成16年7月施行） 定義、性別の取扱いの変更の審判及びそれを受けた者に関する法令上の取扱いなどを規定している。
平成22年 （2010年）	事務連絡「児童生徒が抱える問題に対しての教育相談の徹底について」
平成26年 （2014年）	学校における性同一性障害に係る対応に関する状況調査の実施 性同一障害についての相談等があったとして606件の報告があった。
平成27年 （2015年）	通知「性同一性障害に係る児童生徒に対するきめ細かな対応の実施等について」 具体的な事項をとりまとめた。

通知の概要
1 性同一性障害に係る児童生徒についての特有の支援
　○学校における支援体制について　　　○医療機関との連携について
　○学校生活の各場面での支援について　○卒業証明書等について
　○当事者である児童生徒の保護者との関係について
　○教育委員会等による支援について　　○その他留意点について
2 性同一性障害に係る児童生徒や「性的マイノリティー」とされる児童生徒に対する相談体制等の充実

個別に対応する時代に突入──学校生活の各場面での支援について

　全国の学校では学校生活での各場面における支援として下表に示すような取組みが行なわれてきました。学校での対応で参考となる事例をまとめました。

項　目	学校における支援の事例
服　装	自認する性別の制服・衣服や体操着の着用を認める
髪　型	標準より長い髪型を一定の範囲で認める（戸籍上男性）
更衣室	保健室・多目的トイレ等の利用を認める
トイレ	職員トイレ・多目的トイレの利用を認める
呼称の工夫	校内文書（通知表を含む）を児童生徒が希望する呼称で記す。自認する性別として名簿上扱う
授　業	体育又は保健体育において別メニューを設定する
水　泳	上半身が隠れる水着の着用を認める（戸籍上男性）。補習として別日に実施、又はレポート提出で代替する
運動部の活動	自認する性別に係る活動への参加を認める
修学旅行等	1人部屋の使用を認める。入浴時間をずらす

「性同一性障害に係る児童生徒に対するきめ細かな対応の実施等について」（平成27年4月30日 文部科学省 児童生徒課長通知）より

＊全国のLGBTQに関する電話相談リストを認定NPO法人「虹色ダイバーシティ」（nijiirodiversity.jp）がまとめています。困りごとがあったら相談してください。

参考資料：八田真理子『思春期女子のからだと心 Q&A』（2020年）労働教育センター
文部科学省『性同一性障害や性的指向・性自認に係る、児童生徒に対するきめ細かな対応等の実施について』（教職員向け）

発達障害

「発達障害」とは

　自閉スペクトラム症（ASD）、注意欠如・多動症（ADHD）、学習症（LD）、チック症、吃音などが含まれ、生まれつきの特性です。生まれつきみられる脳の働きの違いによります。同じ障害名でも特性に違いがあったり、いくつかの発達障害を合わせ持ったりすることもあります。

■自閉症スペクトラム症（ASD）って何ですか？

　自分の気持ちを伝えたり、相手の気持ちを読み取ったりすることが苦手です。特定のことに強い関心を持っていたり、こだわりが強かったりします。また、感覚の過敏さを持ちあわせている場合もあります。

【治療や支援について】

　身近にいる親や教員が、本人の特性を理解していることがとても大切です。

　幼児期には、個別や小さな集団で訓練や療育を受けることによって対人スキルや適応力を伸ばすことが期待されます。

　治す薬はありません。睡眠や精神的な不調に対して薬物療法を併用する場合もあります。

■注意欠如・多動症（ADHD）って何ですか？

　ADHDとは日本語で「注意欠如／多動症」といい、発達年齢に比べて落ち着きがない、多動性や衝動性があり、注意が持続しにくい、不注意という特性があります。

【原因】

　自分の注意や行動をコントロールする脳の働きのかたよりが関係していると考えられていますが、詳しい原因はわかっていません。

【治療や支援について】

　集中しなければならないときは、おもちゃを片付け、テレビを消します。集中しなければならない時間を短く、こなさなければならない量も少なめにします。やらなければならないことはToDoリストに書いたり簡潔でわかりやすい言葉で伝えたりすることも大切です。

　環境調整や行動からの取り組みを行なっても困難な場合は、症状を緩和する薬物療法を行ないます。

　薬による治療はノルアドレナリンやドパミンといった神経伝達物質の不足を改善し、ADHDの特徴である不注意、多動性、衝動性といった症状を改善します。また症状に合わせて抗うつ薬、抗精神病薬、情動調節薬などが処方される場合もあります。

■限局性学習症（LD）って何ですか？

　全般的な知的発達には問題がないのに、読む、書く、計算するなどの特定の学習のみに困難が認められる状態をいいます。

【支援について】

　教育的な支援が重要です。

　読むことが難しい場合は、大きな文字で書かれた文章をなぞりながら読んだり、文章を文節に分けたり、音声教材を利用します。

　書くことが難しい場合は、大きなマス目のノートを使ったり、ICT機器を活用したりするのも有用です。

　計算ができない場合は、絵を使って視覚化するなどの工夫が必要です。

■チック症って何ですか？

チックは、思わず起こってしまう素早い身体の動きや奇声です。まばたきや咳払いなどの運動チックや音声チックが一時的に現れることは多くの子どもにあることで、そのような場合には経過をみておいていいです。ただし、体質的にさまざまな運動チック、音声チックが1年以上にわたり持続して日常生活に支障を来す場合は、トゥレット症候群と呼ばれます。

【支援について】

一時的にまばたきをする、咳払い、顔をしかめるなどのチック症状が現れても指摘せずに経過をみます。トゥレット症候群のように日常生活に支障を来すくらいになる場合もあります。本人は気をつけていても症状を抑制することができないので周りの理解が必要です。

薬物療法としては統合失調症の薬が有効であることが知られています。

■吃音って何ですか？

音をくりかえしたり、音が伸びたり、なかなか話し出せないといったいろいろな症状があり、なめらかに話すことができない状態をいいます。

【支援について】

からかいやいじめの対象となっていないか、学校などの発表などの場面がストレスになっていないかなどの環境調整を行なうことが大切です。

吃音の治療として言語聴覚療法や認知行動療法が実施されます。

発達障害者支援法について

2004年（平成16年）　発達障害者支援法

発達障害のある人の早期発見と支援を目的として施行。この法律により自閉症、アスペルガー症候群、注意欠陥多動性障害（ADHD）、学習障害（LD）、トゥレット症候群、吃音などが「発達障害」と総称され、それぞれの障害特性やライフステージに応じた支援を行なうことが国や自治体、そして国民の責務として定められました。

2016年（平成28年）　法改正

学校教育においても「共生」という点が強調され「1人も置き去りにしない」「可能な限り発達障害でない児童と共に授業を受けられるよう配慮」という言葉が盛り込まれています。

個別の教育支援計画（学習上の配慮や指導法に関する計画）と、個別の指導に関する計画（学校生活全般に関する計画）の作成を推進するとあります。同時にいじめの防止等の対策を推進するとしています。

障害者差別解消法について

2013年（平成25年）「障害を理由とする差別の解消の推進に関する法律（障害者差別解消法）」制定
2016年（平成28年）　施行

学校においては障害者に対して障害を理由とする不当な差別的扱いが禁止されるとともに、合理的配慮の提供が義務となりました。合理的配慮とは、他の子どもと平等に「教育を受ける権利」を確保するために必要な変更や調整を行なうことです。なお、2021年に法改正され、努力義務であった事業者も義務となりました。

参考資料：文部科学省HP
厚生労働省HP「みんなのメンタルヘルス」
本田秀夫『発達障害がよくわかる本』（2018年）講談社
『ADHDの正しい理解と個性を生かす支援のために』（2010年）日本イーライリリー

児童虐待

児童虐待防止法とは

　正式名称を『児童虐待の防止等に関する法律』といい、虐待によって児童の心身の成長や人格の形成に重大な影響を及ぼすことを防止するための法律です。18歳未満の児童に対する虐待の禁止、予防、早期発見、保護などについて定められており、2000年（平成12年）に公布、施行されました。その後、何回かの改正があり、現在に至ります。

学校の役割

❶児童虐待の早期発見に努めること（努力義務）【第５条】

❷虐待を受けたと思われる子どもについて児童相談所等へ通告すること（義務）【第６条】

　※通告とは「虐待かも知れないと思う子どもがいます。調べてください」とお願いすることであり、証拠はいりません。通告については法の趣旨に基づくものであれば、それが結果として誤りであったとしてもそのことによって刑事上、民事上の責任を問われることはありません（「児童虐待の防止等に関する法律の一部を改正する法律」の施行について　厚生労働省雇児発第0813002号より）

　※通告を受けた福祉事務所又は児童相談所の所長等は、通告した者を特定させるものを漏らしてはいけない【第７条】

❸通告の後は、児童相談所等の要請により当該児童との面会や安全の確認について協力を行う【第８条】

❹虐待を受けた子どもの保護・自立支援に関し、関係機関への協力を行うこと（努力義務）【第５条】

❺児童及び保護者に対して児童虐待の防止のための教育又は啓発に努めなければならない（努力義務）【第５条】

　また地方公共団体の講ずべき措置として

❶学校の教職員等に対する研修等（責務）【第３条】

❷虐待を受けた子どもに対する教育内容・方法の改善・充実（義務）【第13条の２】

が規定されています。

虐待の種類

虐待の種類	虐待の内容
身体的虐待	児童の身体に外傷が生じ、または生じるおそれのある暴行を加えることである。
性的虐待	児童にわいせつな行為をすること。児童にわいせつな行為をさせること。
ネグレクト	保護者として監護を著しく怠ることである。衣食住に関する養育の放棄や健康や安全に配慮がなされていない状態への放置などがあたる。同居人による子どもへの虐待を放置することなどもこれに含まれる。
心理的虐待	児童に対する暴言、著しく拒絶的な対応、配偶者に対する暴力、無視、兄弟間、姉妹間での差別的扱い。配偶者への暴力や暴言などを見せつけること。

被虐待児の心の中

①自分から虐待されたことを言おうとしません。認めた後でも事実を取り消す子どもも多くいます。

②自分が虐待を受けているという自覚がない子どももいます。

③加害者を守ろうとします。たとえむごい虐待をする親であっても多くの子どもは親を慕っているからです。

④自分が悪かったと思っています。自分がわがままだったからとか、余計なことを言ったからだとか自分に原因があるからだとか思っています。

⑤繰り返し暴力を受けると暴力を拒否したり、逃げたりする力を奪われて虐待のない人生が可能だと思えなくなります。

⑥話の内容が矛盾していることがよくありますが、虐待がないとはいえません。

⑦助けを拒否したり、人を馬鹿にしたり、他の子どもに攻撃的だったりすることもあります。

⑧その子どもを助けようと頑張ってもその子どもから嫌がられ、拒否されたり、攻撃されたりすることもあり得ます。

やってはいけないこと

①できない約束をする。

　　子どもはすでに大人から何度も裏切られています。「誰にも言わないで」に、安易に対応してはいけません。「誰にも言わないですむ話だったら誰にも言わないよ。でも言わないとまた暴力を受けてしまうのだったら助けてくれる人たちがいるからその人たちに相談する」と、「誰にも言わない約束はできない」と話します。

②「どうして？」「なぜ？」で始まる質問はなるべく避ける。

　　子どもは自分が責められているように感じます。(例「どうしてそうしたの？」「なぜいやだと言わなかったの？」)

③「はい」「いいえ」で答えられる質問はできるだけ避ける。

　　子どもを誘導したと思われるからです。

④どんな虐待があったのかを詳しく、また何度も聞く。

　　子どもは話すたびに心理的苦痛を経験します。その負担を少しでも軽くするためにも疑いがあることを裏付けるだけの情報があれば十分です。この段階での必要以上の情報収集は、裁判に持ち込まれた場合に子どもに『虐待を受けたというありもしない考えを植えつけた』という疑いをかけられることがあります。

性的虐待が疑われる場合の初期対応について

①記録をとる。子どもに保護を求める権利があることを伝える。

②通告をする。他機関連携を開始する。

　　家庭内の場合は、全国の都道府県市区町村児童相談所等

　　家庭外の場合は、警察、病院、民間支援センター、民間シェルター等

③必要に応じて小児科、婦人科、肛門科・泌尿器科（男子の場合）の受診をする。

④１人で抱え込まない、複数の教職員で対応する。

　　※性的虐待の内容は根堀り葉堀り聞かない。「あなたの嫌だったことはしっかり聞いてくれる専門家の人がいる」「あなたが今、ここで話すことで混乱することを避けたい」と伝え、専門機関に引き継ぐ。その際は、子どもにつきそう。

　　＊「１８９（いちはやく）」は、通話料無料の児童相談所虐待対応のダイヤルです。住んでいる地域の児童相談所につながります。

参考資料：『養護教諭のための児童虐待対応の手引き』文部科学省
　　　　　森田ゆり『子どもの性的虐待』(2014年) 岩波新書、森田ゆり『虐待・親にもケアを』(2018年) 築地書館
　　　　　厚生労働省HP

脳脊髄液減少症

脳脊髄液減少症とは

　脳脊髄液という液体が、外傷やその他の原因でもれ出す、または過剰な吸収が生じるために減少し、頭痛や吐き気、倦怠感、頚部痛、めまいなどさまざまな症状を呈する疾患です。

　症状から「なまけ病」と誤解されている子どもたちも多くいます。

症　状

・**頭痛**

　　立位や座位で悪化し、横になると軽減する傾向があります。症状は強弱の波がありますが、連日出現します。

　　脳脊髄液（髄液）が持続的あるいは断続的に硬膜外に漏出、脱水などにより失われることによって髄液が減少し、起立時に脳が下方へ牽引され、頭痛が起こります。

・**他に**

　めまい、嘔気、倦怠感、頚部痛、睡眠障害（朝が極端に弱くなって起きられない）、肩の痛み、背部痛、腹痛、耳鳴り、記憶障害、腰痛、微熱

間違われやすい疾患

　起立性調節障害、自律神経失調症、片頭痛、てんかん性頭痛、統合失調症などの精神疾患などの精神疾患と診断される場合がありますが、脳脊髄液減少症ならばこれらに対する治療効果が乏しくなります。

原　因

　半数はスポーツ外傷や交通事故などの外傷が原因といわれています。受傷から発症までは１日以内が多いのですが、数日してからの場合もあります。直接の原因がなく原因不明例が半数以上です。原因なく発症し、徐々に症状が悪化していく場合も少なくありません。

診　断

　頭部MRIやMRミエログラフィー（脊髄のMRI）、RI脳槽シンチグラフィー（髄液の流れをみる）、CTミエログラフィー（脊髄腔造影）などで確定診断をします。

＊CTミエログラフィー：クモ膜下腔に造影剤を注入し、エックス線で透視・撮影を行ない、脊柱管の形状、障害を調べる検査

治　療

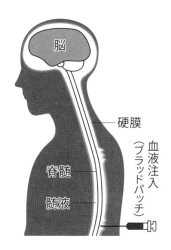

　まずは安静＋水分補給、場合により点滴などの保存療法を行ないます。発症早期では保存療法で治癒することが少なくありません。

　保存療法で効果がない場合は、ブラッドパッチ（自家血硬膜外抽入療法）という治療法があり、2016年（平成28年）4月より保険適用です。

※ブラッドパッチ：本人の血液を注射器で髄液漏出部位の近くの硬膜という髄液を包む膜の外側に注入する療法です。注入した血液が固まってふたとなります。

脳脊髄液減少症を疑う要因

- □　突然、または外傷をきっかけに、立位で悪化傾向にある頭痛に加えて、めまい、疲れやすい、嘔気などが出現し、数週間以上持続する
- □　症状は、ほとんど連日出現する
- □　起立性調節障害や自律神経失調症、精神疾患などと診断されていても治療効果が乏しく、治療の限界を感じる
- □　症状は水分補給や点滴で一時的に緩和される
- □　運動で悪化する
- □　通常でない、難治性のむち打ち症と診断された
- □　外傷や事故をきっかけに、人が変わった

脳脊髄液減少症が疑われる子どもへの対応

　「安静＋水分補給」で症状が軽減するかを見極めることが大切です。動くことで悪化する場合には脳脊髄減少症の可能性があります。この疾患への理解がある医療機関への紹介が大切です。

脳脊髄液減少症と診断された子どもへの対応

　体調不良時の応急手当としては「安静＋水分補給」です。この疾患に対しては社会的にも認知度が低く、「怠けるな」「不登校児」などといわれて心を痛めている場合があります。この疾患に理解を示すことが大切です。

文部科学省の対応

　学校におけるスポーツ外傷等による脳脊髄液減少症への適切な対応について（平成29年3月21日　事務連絡）
　学校におけるスポーツ外傷等による脳脊髄液減少症への適切な対応について（平成24年9月5日　事務連絡）
　学校におけるスポーツ外傷等の後遺症への適切な対応について（平成19年5月31日　事務連絡）
　いずれの通知も、この疾患に対して理解を示し学校生活を送るうえで配慮を求める内容となっています。

参考資料：篠永正道『脳脊髄液減少症を知っていますか？』（2013年）西村書店
　　　　　高橋浩一「子どもの脳脊髄液減少症」『健康教室』（2017年1月号）東山書房
　　　　　高橋浩一「頭部外傷・脳脊髄液減少症」『子どもと健康』No.110（2019年12月）労働教育センター
　　　　　文部科学省・厚生労働省HP

生徒が過呼吸を起こしたら…??

①過呼吸とは?

過呼吸はストレス・運動などが原因で呼吸が早く浅くなって、呼吸し過ぎてしまう状態です。

酸欠状態のように息苦しくなり、血液中の二酸化炭素が極端に少なくなって、アルカリ状態になってしまいます。若い女性に多く見られます。一人の過呼吸発作をきっかけに集団発作につながることがあります。

②症　状

空気の吸いすぎの状態が続いているにもかかわらず、「空気が入ってこない」「呼吸ができない」といった**呼吸困難**を感じ、必死に息を吸おうとしてしまいます。

頭痛、めまい、指先のしびれ、口のまわりのしびれ、息苦しさ、息ができないという不安から胸の圧迫感、胸の痛み、動悸、死への恐怖、全身の筋肉の硬直、失神、などの症状がともなうことがあります。

③原　因

過呼吸の原因の多くは、体と心のストレスによる交感神経の緊張です。

➡心にかかえている不安・緊張・恐怖・興奮といったものがきっかけとなって、自律神経や呼吸中枢に影響を与えることが原因で起こります。

➡ストレスは自律神経と関係が深いので、性格、ものの考え方、生活習慣の影響も大きく、仕事が忙しい、責任やプレッシャーが大きい、人間関係がよくない、といったストレスの強い状態が自律神経を乱し、症状となってあらわれます。

★発作の原因となるような日常生活での不満、不安、怒りというものがなんとなく自覚できるならば、カウンセリングなどで、それらを言語化し、発散していくような治療が有効です。

④対　処

- 時間がたてば必ず落ち着く
- 周囲は冷静に対応!
- まわりの生徒から離す
- 以前にも同じことがあったか聞く
- 1時間たってもよくならなければ、病院受診をする

> 大丈夫だよ、ゆっくりでいいからね～と声掛けしてあげましょう

- 「息を吐きすぎて二酸化炭素が出て行かないようにすること」が大切。
  - ➡ゆっくりと息を吐くように促してあげる。
  - ➡「吸う：吐く」が1：2になるくらいの割合で、ゆっくりと息を吐かせる。
  - ➡10秒くらいかけてゆっくりと息を吐けるように、背中を叩いたりさすったりして、息を吸うリズムを整えてあげる。話しかけるのも良い。
- ゆっくり吐くことを意識することで、二酸化炭素不足を解消できる。
- いろいろ質問して子どもに話をさせる（人と話をすることで呼吸が正常に近づく）。

注意!

「過呼吸に紙袋!」は、窒息死を招くことがあります!!
口に紙袋をあてて紙袋に吐いた自分の息を吸わせる、という応急措置は危険!!
➡血中の酸素濃度が下がり、酸欠になるからです。安心する子もいるので、その場合は紙袋を少し口から離します。

病気が原因で過呼吸状態になっていることもあります!!
心臓病、喘息、気胸、肺疾患、糖尿病（低血糖・高血糖で過呼吸になる）などの場合

参考資料：北垣毅『養護教諭のフィジカルアセスメント2』(2017年) 少年写真新聞社

色覚について

　2003年（平成15年）4月から定期健康診断の必須項目から色覚検査が削除されました。しかし、教育活動上何の配慮をしなくてもいいということではありません。教職員は、色覚異常（色覚特性）について正しく理解して、学習や進路においても適切な指導を行なう必要があります。

Q 色覚異常（色覚特性）の子どもは学校にどのくらいいますか？

A 男子は20人に1人、女子は500人に1人といわれています。先天性のものです。

Q 色覚異常（色覚特性）の子どもたちはまったく色がわからないのですか？

A すべての色は、光の三原色といわれる赤・緑・青の3つの光の組み合わせで作られます。色を感じとる視細胞も、赤に敏感なタイプ、緑に敏感なタイプ、青に敏感なタイプの3種類があります。色覚の異常は、この3種類の視細胞のうちのどれかが足りなかったり、十分機能しないために起こります。個人差もあります。

色がまったくわからないということではなく、色の組み合わせにより色が似て見えるということです。

「色のシミュレータ」というスマホアプリがあります。色覚異常者がどのように見えているのか体験ができます。

Q 似て見える色の組み合わせはどんな組み合わせですか？

A 「赤と緑」「だいだいと黄緑」「茶と緑」「青と紫」「ピンクと白・灰色」「緑と灰色・黒」「赤と黒」「ピンクと水色」です。色覚異常の場合、同じような色に見え区別がつきにくいです。

Q 学習する上で注意する点はありますか？

A ①黒板

　常時きれいな状態に保ち、明るさが均一になるようにする。

　チョークは白と黄色を中心に使い、太めの線で大きくはっきり書く。

②地図帳

　平野は緑、山は茶色、海は青などと、言葉で説明する。

③掲示物・ホワイトボード・コンピュータ等

　グラフなど色分けしている境界線ははっきり示し、凡例を文字や記号で併記する。

　ホワイトボードは、青と黒を基本とし、3色くらいにする。

　電子黒板やタブレットは、できるだけ少ない色で判別しやすい色の組み合わせにする（緑系と赤系の組み合わせは避ける）。

④採点・添削

　細い線の赤ペンやボールペンは避け、太い線が書ける朱色の赤鉛筆やサインペンを使う。

Q 色覚により制限が設けられている資格はありますか？

A 航空機乗務員、航空大学校、航空管制官、航空保安大学校学生、海技士（航海）、海技士（機関・通信・電子通信）、小型船舶操縦士、動力車操縦士（鉄道・軌道及び無軌条電車の運転士）、自衛官、防衛（医科）大学校学生などがあります（2016年〈平成28年〉3月現在）。

しかし、一人ひとり見え方には違いがあり、採用条件等の見直しも行なわれています。進路・就職先等から最新の情報を入手し、保護者とも相談し、本人が理解して判断できるような指導が望まれます。

参考資料：『色覚に関する指導の資料』文部科学省、「色覚検査を考える」『子どもと健康』№102〜104（2015年12月、2016年7月・12月）労働教育センター

起立性調節障害 けっして怠けではありません

　朝は頭痛やめまいで起きられない。でも午後になると元気で、夜はテレビを見たりゲームで遊んだり…怠けているようにしか見えないかもしれません。でもそれは、起立性調節障害（OD）という体の病気です。まわりの理解の仕方が病気の悪化や軽快につながります。

　ODとは、たちくらみ、失神、朝起きられない、倦怠感、動悸、頭痛などの症状をともない、思春期に好発する自律神経系の病気です。

起立性調節障害（OD)って何？

- 立ち上がると、脳血流の低下、低血圧、頻脈などが起こり、症状が現れる
- 思春期（小学校高学年から中高生）に起こりやすい
- 午前中に症状が強く、午後から回復する
- 精神的なストレスで悪化する（神経の病気なのでメンタルが影響します）

　体を調節する神経の働きが悪く、特に朝起きる時に不調が起こりやすいです。健康な人なら自然にできている血圧の調節が、起立性調節障害の人は苦手です。動き方を変えたり生活パターンをつくったりすることで、症状を軽減できます。

病院での検査

　まず、他に重大な病気がないかを調べます（問診・診察・血液・尿・胸部X線）。

　次に横になった状態から立ち上がったときの症状や血圧を調べる新起立試験を午前中に行なうことで重症度やどのタイプの起立性調節障害かがわかります。血圧や脈拍の変化で４つに分かれます。

起立直後性低血圧：立ち上がった時に血圧が上がらず、たちくらみやめまいを起こします。

体位性頻脈症候群：立っていると脈拍数が上がり、動悸や・めまいやふらつき・頭痛などが起こります。
　　　　　　　　　　血圧低下は伴いません。

血管迷走神経性失神：起立中に突然の血圧低下と意識消失（脳貧血）を起こします。

遷延性起立性低血圧：起立して３〜５分後に血圧低下で動悸、冷や汗を起こします。

教員の対応	登校した日には元気に見えるので頑張らせたいと思うかもしれませんが、これは本人にはとてもつらいことです。また、毎日、欠席の連絡をするのは、親にとってはつらいことです。逆に登校できる日に連絡をしてもらうほうが、負担が少ないです。保護者と学校が連携をすることが大切です。本人の安心につながります。行きたくても行けないことを理解しましょう。
学校での対応	● 体調が悪くなったら横になれる環境をつくる。 ● 低血圧で脳貧血を起こし、失神発作を起こす可能性があるので、静止状態での起立を続けさせない。 ● 暑いと血圧が下がり、脳血流不足になるため、涼しい場所で休ませる。 ● 低血圧予防のために十分な水分補給をさせるように気を配る。 ● 体育の見学は、日陰の涼しい場所で。 ● 遅れてもいいから、できるだけ登校させる。
クラスメイトへの対応	ODの理解が十分でないとクラスで陰口を言われ、病気が悪化することがあります。本人の心理的ストレス軽減のため、本人や家族の同意を得て、周囲のクラスメイトや生徒たちに説明をするように勧めます。

参考資料：田中英高『起立性調節障害がよくわかる本』(2013年) 講談社、田中英高『起立性調節障害の子どもの正しい理解と対応』(2017年) 中央法規、田中英高『起立性調節障害の子どもの日常生活サポートブック』(2017年) 中央法規

Part 4 担任向け

担任が子どもたちに保健指導する場合に使う資料です。
コピーして渡し、読み上げて伝えてもらいます。
それだけで保健指導になります。同じ指導が全部のクラスで行なわれます。
拡大して、教室に掲示もできます。

前日の帰りのSHRで読み上げて、ご指導よろしくお願いします。

明日は マラソン大会！

　マラソンは、心臓や肺の機能を高め、持久力を高めるのに大変良い全身運動です。また、苦しさに負けないで走りとおすことによって、体力ばかりでなく精神力を養うことができます。正しい走り方をして、体力・気力の増進をはかりましょう。

こんなことに気をつけよう

走る前

❶ 寒さ対策をしていく

❷ 前日は十分な睡眠を！

❸ 必ず朝食を食べる

❹ ウォーミングアップを十分する

❺ 体調をチェックする

走っている時

❶ 途中で気分が悪くなったら走るのをやめて、近くの人に頼んで先生に連絡してもらう

❷ 最後まで自分のペースで走り、ゴールしても急にとまらないでしばらく歩く（血液の流れが一瞬止まってしまうので危険）

走ったあと

❶ タオルでしっかり汗をふく

❷ うがいをする

❸ 体が冷えないうちに着替える

当日、参加を見合わせる人

● 体調不良の人

● 咳が出ていて服薬中の人

● 37.5℃以上の発熱がある人

＊各学校の実情に応じて、学校医と相談してください

要注意！ 運動中や運動直後の筋肉痛

アイシング

肉離れなどを起こしているかもしれない！すぐに冷やす！

運動後1〜2日に現れる筋肉痛

温めて血行をよくする

前日の帰りのSHRで読み上げて、ご指導よろしくお願いします。

運動会を安全に行なうために

運動会は、暑い時期の実施ですので、熱中症に十分注意をして行ないましょう。
大切な命やからだを守り、思い出に残る運動会にしてください。

その1 前日は、いつもより早く寝て睡眠を十分にとる！
（過信は禁物！）

その2 当日は、朝食を食べて登校する！

その3 朝の健康観察をしっかり行なう！
朝から体調が悪いときは、無理をしない。

その4 水分補給用の水・スポーツドリンクを
いつもよりたくさん持ってくる！

その5 タオルを必ず持ってくる！
汗を拭くためだけではなく、頭や体を直射日光から守るために使う
こともできる。

その6 天気によっては、帽子を持ってくる！

その7 競技の始まる前には、水を飲み、けが防止のために準備運動やスト
レッチを15分は必ず行なう！
特にケガが多い足首と指のストレッチは念入りにやる。

熱中症の予防と対応

　この時期はまだ暑さへの慣れが不十分です。

　暑さに慣れるまでの数日間、短時間の軽い運動から始め、徐々に強度や時間を増やしていくことが望ましいです。また、文化系の部活動や日常の学校生活の中でも熱中症は起こります。熱中症は誰でもなる可能性があり、重症の場合は命にも関わります。子どもたちの健康状態の観察や水分補給等のご指導をお願いいたします。

　また、最近では熱中症を起こした人が帰宅途中や帰宅後など一人でいるときに急変し、死亡するケースもありました。熱中症になった場合は、安全に帰宅し、家庭で経過観察を行なってもらうよう、保護者と連絡を取り、一人にさせないようにしてください。

1. 熱中症になると??!

| Ⅰ度：応急処置と見守り | Ⅱ度：医療機関へ | Ⅲ度：入院加療 |

軽度	**中度**	**重度**
めまい	頭痛	意識なし
立ちくらみ	吐き気	けいれん
筋肉痛	だるさ	高体温
発汗	虚脱感	返事がおかしい

参考資料：日本救急医学会「熱中症分類」

2. 熱中症が発生したら

❶ 休息をとる

➡風通しの良い木陰やクーラーがきいている室内など**涼しい場所へ移動**させ、衣服をゆるめたり脱がせたりして、体からの熱の放散を助ける。

❷ とにかく冷やす

➡**ぬれたタオルを手足に置き、うちわや扇風機で風をあて体を冷やす。**氷やアイスパックがあれば、頸部、脇の下、足の付け根など大きい血管が通っている部分も冷やす。

❸ 水分補給

➡塩分も同時に補えるスポーツドリンクなどを補給する。しかし、意識障害などがあり自分で水分をとれないときは気道に水分が流れ込むおそれがあるので、無理に与えない。

❹ 重症の場合は救急車を要請

➡意識の異常・呼びかけに対する返事がおかしい、けいれんや高体温などの症状がみられる場合は、救急車を要請し、一刻も早く医療機関へ搬送する必要がある。また、**重症者の救命はいかに早く体温を下げることができるか**どうかが重要。救急隊の到着まで冷却などの適切な応急処置を行なうことが求められる。可能なら水道の水をホースで体にかけ続ける。

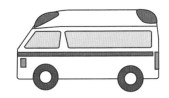

3. 熱中症を予防するためには??!

【熱中症発生の要因】

環境要因
高温多湿、風が弱い、直射日光など

主体要因
体力・体格の個人差、健康状態・疲労の状態、暑さへの慣れ、衣服の状況、肥満など

運動要因
運動の強度・内容・継続時間、水分補給、休憩のとり方

これらの要因が重なれば重なるほど、熱中症が発生する可能性も高くなります。

【具体的な予防法】

1 涼しい服装＆野外での活動の時は帽子をかぶる！

薄手で通気性が良く、吸水・速乾性の白っぽい服装が望ましい。防具等をつけるスポーツでは、休憩中、防具や衣服をゆるめ熱を逃がす。直射日光を避けるため帽子をかぶる。

2 喉が渇いたと思う前に水分補給！

30〜60分に1回、50〜200mLの水分をとる。水分と同時に失われる塩分も補給できるように、スポーツドリンクや食塩を溶かしたものを飲むのが望ましい。水分補給は子どもの判断にまかせず、必ずとらせるようにする。

3 こまめに休憩をとる！

スポーツの種類や強度にもよるが、目安としては**30分に1回**程度休憩をとることが望ましい。木陰や涼しい場所で休み、水分補給と同時に冷水や冷やしたタオルなどで体を冷やすと効果的。

4 健康観察を徹底！

運動の前・途中・後に健康観察を行ない、子どもの健康管理を徹底する。体調の悪いときは申し出て休むように習慣づけ、無理をさせない。下校中に急変することもあるので、熱中症の症状が疑われる子どもを一人で下校させない。

最新情報 運動前に、洗面器に10〜15℃の冷たい水を張り、5〜10分間、両手をつけるという方法も熱中症予防として注目されています。

重症の熱中症は命に関わる危険な状態です。
重症の症状が見られる場合は
迅速な救急車の要請と応急処置が求められます。

参考資料：環境省「熱中症 環境保健マニュアル」(2018年)

ノロウイルス

「ノロウイルス」が原因の感染性胃腸炎が多く発生しています。

手をよく洗いましょう!!

ノロウイルスって?

1年中感染しますが、特に

- 冬に流行する食中毒の原因となっています。
- 強い感染力があるので、少ない数で発症します。
- 食べてから24〜48時間で胃腸カゼのような症状（**腹痛・嘔吐・下痢・発熱**など）が出ます。

ノロウイルスを予防しよう!

❶ こまめに**せっけんで手を洗いましょう**。

❷ 殺菌方法……細菌より死滅しにくいノロウイルス

熱➡85℃で1分以上

アルコールは効果が少ない

次亜塩素酸ナトリウム（商品名：ハイターなど）で調理器具やドアノブを消毒

❸ 睡眠や食事をきちんととり、体調管理をしましょう！

ノロウイルスの感染経路は?

❶ 人のくしゃみや糞便・嘔吐物から空気中にまいあがったウイルスを吸い込んで

❷ 手についた便（ウイルス）がドアノブについて、それを触って口の中へ

❸ ノロウイルスに汚染された二枚貝（カキ）を食べて

＊ 学校で吐いた場合は、近くの先生に連絡してください。

＊ 感染性胃腸炎は、第3種の感染症として出席停止になる場合があります。出席停止は、校長の判断によります。
　出席停止になった場合は、学校を休んでいても欠席になりません。症状が改善し、全身状態の良い人は登校可能です。医師の指示に従ってください。医師が治癒と判断したら登校の際に「治癒証明書」を持参してください。

＊ 治っても便の中には2週間くらいノロウイルスがいます。よく手洗いをして他の人に移さないように気をつけましょう。

手洗いの方法

まずは、流水でしっかり手を洗うことから、以下の要領で！
手洗いの前に、爪は短く切っておきましょう。

❶ 石けんをつけて十分泡立たせる

❷ 手のひらと甲（５回ずつ）

のばすようにこすります

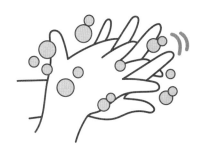

❸ 指の間（５回ずつ）

念入りにこすります

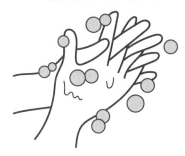

❹ 親指洗い（５回ずつ）

親指のつけ根をねじり洗いします

ここも大切！

❺ 指先（５回ずつ）

念入りにこすります

❻ 手首（５回ずつ）

内側・側面・外側を洗います

❼ 流水で十分にすすぐ

❽ 清潔なタオルやハンカチ、ペーパータオルでふく

マイコプラズマ感染症

　マイコプラズマ肺炎が流行しています。「マイコプラズマ感染症」は「マイコプラズマ・ニューモニエ」という病原体の感染によっておこる感染症。重症化すると肺炎などを起こし、入院が必要になる場合もあります。

潜伏期間　2〜3週間

症　状　咳、発熱、頭痛、体のだるさなどの風邪に似た症状
長引く、乾いたしつこい咳が強くなっていくことが最大の特徴
3〜4週持続する場合もある。重症の場合は抗菌薬で治療を行なう。多くは自然に治る。

感染経路　患者の咳やくしゃみによる飛沫を吸い込む飛沫感染

予　防　手洗い、うがい、マスクの着用。
抵抗力が下がると発症しやすいので、食事・睡眠・運動等の生活リズムを整え、抵抗力を高めておく。

＊発熱・ひどい咳などの症状がある場合は必ずマスクを着用し、早めに医療機関を受診します。

＊マイコプラズマ感染症は、第3種の感染症として出席停止になる場合があります。出席停止は、校長の判断によります。出席停止になった場合は、学校を休んでいても欠席になりません。
症状が改善し、全身状態の良い人は登校可能です。医師の指示に従ってください。医師が治癒と判断したら、登校の際に「治癒証明書」を持参してください。

教室の換気をお願いします！

「窓をあけると寒くなるからやめて」「早くしめて」と言っていませんか？　先日、某教室で空気の検査を行ないました。その結果、二酸化炭素の濃度は基準値の1500ppmをはるかに超えて最大で5000ppmでした。つまり教室の空気がとても汚れているということです。

昼休みに5分換気をしてスタート、授業開始後40分の段階で換気をしても3000ppmまでしか下がりませんでした。おそらくどの教室も同じようなものだと思います。

検査時間	二酸化炭素濃度
5限の授業開始時	3000ppm
授業開始15分後	3000ppm
授業開始40分後	5000ppm
授業終了時	3000ppm

教室のようにたくさんの人がいる場所では、暖房機器だけではなく呼吸によって排出される二酸化炭素やほこりなどで空気が汚れやすくなります。

授業中、教室内の二酸化炭素の濃度は時間の経過とともに上昇していきます。

二酸化炭素濃度の及ぼす影響について

3000ppmを超すと頭痛や倦怠感、注意力の欠如、吐き気などの症状が発生する、と言われています。

この二酸化酸素濃度だと、頭痛・吐き気・集中できない・ねむくなるなどの身体症状が出てもおかしくないです。皆さんのさらなる学習効果向上と感染症の予防のためにも、ぜひ換気を行ないましょう。

効果的な換気のしかた

● 常時換気を行なう場合

➡ **換気は空気の通り道をつくるのがポイント！**

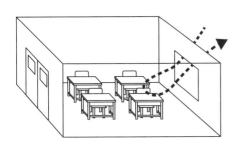

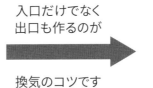

入口だけでなく
出口も作るのが

換気のコツです

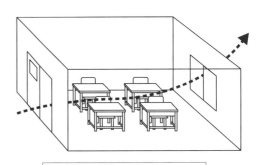

1か所だけ窓を開けた場合

対角線上に窓を開けた場合

● 短時間で換気を行なう場合➡30分に1回以上数分間程度、窓を全開にする

● 必要な換気回数

〈教員1人および児童・生徒40人在室、教室の容積180㎥の場合〉

小学校低学年	2.4回／時
小学校（高学年）・中学校	3.4回／時
高等学校	4.6回／時

参考資料：『学校環境衛生管理マニュアル（平成30年度改訂版）』文部科学省

Part 5 資料編

頭痛ダイアリー

　頭痛の対応はまず、あなたを悩ます頭痛をじっくり観察することです。そのためには頭痛を記録することが重要です。

　頭痛の起こった日時、どのような痛みか（脈打つようか、締め付けられるようか、など）、頭痛はどれくらい続いたか、吐きけや光・音・匂いなどが気になったか、薬を飲んだかどうか、などを記載していただくと、あなたがどんなときに、どのような頭痛に悩まされるかがわかってきます。また治療を行う医師にもあなたの頭痛の情報がきちんと伝わります。

　ここでは頭痛ダイアリーの記載方法を説明します。

❶ できれば４週間の記録をとりましょう。月曜日からスタートします。頭痛が起こった日付を入れてください。

❷ 月経期間に線を引いてください。

❸ 一マスが１日で、午前・午後・夜に分けてあります。頭痛の起こった時間帯に合わせて、頭痛の程度を３段階（重度＋＋＋・中等度＋＋・軽度＋）で記載し、下段に使用した薬剤名と効果（効いたかどうか）を記載してください．効いた場合は薬剤名の略称を○、やや効いたら△で囲んでください。

❹ 影響度のところへは日常生活にどれくらい影響があったかを３段階で記載してください。

❺ MEMOの欄にはずきんずきんとした痛みかどうか、光や音に過敏になったか、吐きけがあったか、などを記載してみてください。頭痛を引き起こしたと考えられること、たとえばイベント、外出、天気、寝すぎ、など気がついたことを書いてください。

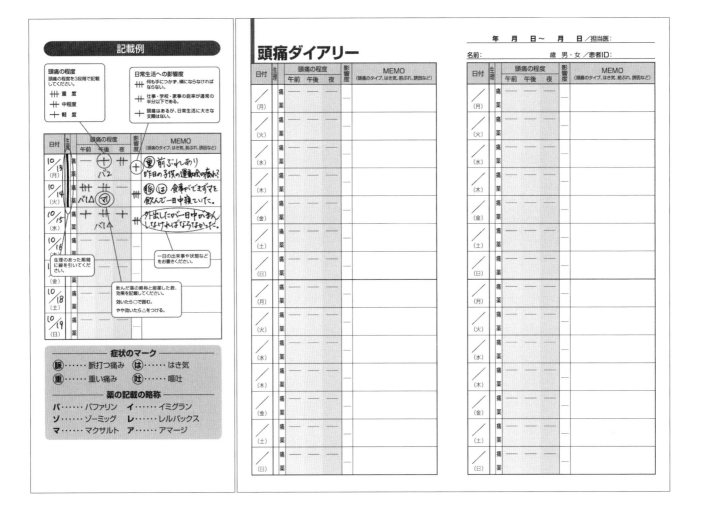

資料：一般社団法人日本頭痛学会HPより引用抜粋

生理痛ダイアリー

〔薬を服用した時 ○〕〔月経 ×〕〔症状の強さ：強い ◎　中○　弱△〕

		記入例													
日付	月	10													
	日	3	4	5											
薬の服用		○	○												
月経		×	×	×											
経血量	多い ふつう 少ない	▨													
からだの症状	下腹部痛	◎	○	△											
	腰痛	◎	○	△											
	頭痛	○	△												
	眠くなる														
	乳房の張り	○													
	気持ちが悪くなる	△													
	食欲　増(↑)減(↓)	↓	↓												
	疲れる														
	下痢	△													
	血のかたまりが出る														
	(　　　　　)														
	(　　　　　)														
こころの症状	イライラする	○	△												
	怒りっぽくなる	△	△												
	憂うつ	△													
	落ち込む														
	悲しくなる														
	(　　　　　)														
	(　　　　　)														
その他の症状	自分が嫌になる														
	勉強が手につかない	◎	△	△											
	一人でいたい														
	周りの人にあたる		△												
	(　　　　　)														
	(　　　　　)														
出来事を記入しましょう		寝込んだ	学校を休んだ												

参考資料：『カラダのミカタ』(2015年) バイエル薬品株式会社

食中毒

病原体	代表的な原因食品	潜伏期間	主な症状	特徴
腸炎ビブリオ	刺身など生の魚介類、塩漬け食品	10〜24時間	吐き気、嘔吐、ひどい腹痛、下痢（おもに水様性）、発熱。しびれ、チアノーゼ	塩分を好む。まな板などから二次感染を起こす。熱と真水に弱い
サルモネラ菌	牛・豚肉、鶏肉、鶏卵および卵製品、洋菓子類	5〜72時間平均12時間	嘔吐、腹痛、下痢、発熱（38℃台）。血便	広く自然界に分布する細菌。熱に弱い。ペット用のカメやイヌ・ネコなどの動物が保有。増殖が早い。卵の白身に存在、時間が経つと黄身にも侵入
病原大腸菌（腸管出血性大腸菌以外）	弁当や給食を原因とする事例の発生があるが、多くの事例は原因食物の特定が困難	12〜72時間	発熱、下痢、腹痛、悪心、嘔吐	家畜や人の腸内にも存在し、大部分は人に無害
カンピロバクター	鶏肉、牛生レバー、殺菌不十分な井戸水	2〜5日	熱っぽくだるい、頭痛、強い腹痛、下痢、発熱、血便	熱に弱いが少量の菌でも感染する。食肉は加熱、飲料水は煮沸して滅菌
ロタウイルス	飲料水、食物	1〜3日	下痢、嘔吐、発熱、腹痛	米のとぎ汁のような水様便
ノロウイルス	カキなど貝類、ヒト自身の糞便、不完全消毒飲料水	1〜2日	吐き気、嘔吐、激しい下痢、腹痛、下痢、発熱、のどの痛み、かぜと似た症状	ヒトからヒトへの感染がある。症状消失後も2〜3週間は糞便中にウイルスを大量に排出。加熱と次亜塩素酸消毒が有効
ウエルシュ菌	ヒト、動物の糞便。土壌。食肉、魚介類、野菜を使用した加熱調理食品（カレー）	8〜12時間	下痢、腹痛、時に嘔吐。通常は軽症。1日で回復	酸素が少ないのを好む。加熱調理後、放置していると増殖。カレー・シチューなどの肉類の煮込み料理に多い
黄色ブドウ球菌	ヒト、動物の皮膚、粘膜に広く分布	1〜5時間（平均3時間）	吐き気、ひどい嘔吐、腹痛、下痢、1〜2日で回復	化膿した傷などから食品が汚染される。手洗いの励行、化膿創のある人の調理取り扱い禁止。熱に強い
セレウス菌	嘔吐型は焼き飯、ピラフ、パスタなどの麺類。下痢型は食肉などのスープ類。	嘔吐型は1〜5時間下痢型は8〜15時間	嘔吐型は黄色ブドウ球菌食中毒に類似下痢型はウエルシュ菌食中毒に類似	一度に大量の米飯やめん類を調理しない。熱に強い
ボツリヌス菌	土壌などの自然界に広く分布。瓶詰め、缶詰	8〜36時間	嘔吐、めまい、頭痛、言語障害、嚥下障害、呼吸困難、乳児では便秘、物が二重に見える	酸素があると発育できない。運動神経を麻痺させる毒素を発生。毒性が強く、死亡率は30％以上。熱に強い
腸管出血性大腸菌（O157）	ヒト、動物（特にウシ）の糞便、生野菜	3〜8日	水様の下痢、激しい腹痛、大量の潜血便、嘔吐	胃酸に強く10個程度の菌でも胃を通過して大腸で増殖。溶血性尿毒症で死亡することあり。75℃1分以上の加熱で死滅

参考資料：厚生労働省HP

次亜塩素酸ナトリウム消毒液の作り方

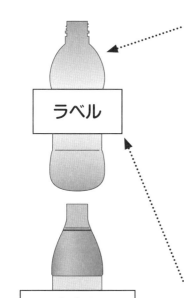

ラベル

家庭用
塩素系漂白剤

①ペットボトルの飲料を飲む前に、中身の容量のところにマジック
　で線を引いておきます。

②ペットボトルをよく洗います。

③マジックの線の少し下のところまで水を入れます。

④そこにペットボトルのキャップで測った「家庭用塩素漂白剤」の
　原液を入れます。
　キャップ1杯＝5mL

⑤ふたをしてよく振ればできあがりです。

【ラベルの例】

危険！
0.1%消毒液
○年○月○日作成

＊誤飲を防ぐため、ラベルを作成し
ボトルに貼っておきましょう。
ガムテープなどに書いておけばそ
のまま貼ることができます。

※時間の経過とともに塩素濃度が薄くなります。

原液と水の量

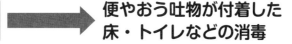

0.1%（1000ppm）希釈液 → 便やおう吐物が付着した
床・トイレなどの消毒

	500mLペットボトル	1.5Lペットボトル	2Lペットボトル
5パーセント原液の場合	キャップ2杯（10mL）	キャップ6杯（30mL）	キャップ8杯（40mL）
6パーセント原液の場合	キャップ2杯弱（9mL）	キャップ5杯（25mL）	キャップ7杯（35mL）

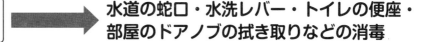

0.02%（200ppm）希釈液 → 水道の蛇口・水洗レバー・トイレの便座・
部屋のドアノブの拭き取りなどの消毒

	500mLペットボトル	1.5Lペットボトル	2Lペットボトル
5パーセント原液の場合	キャップ0.5杯強（2mL）	キャップ1杯強（6mL）	キャップ1.5杯強（8mL）
6パーセント原液の場合	キャップ0.5杯弱（1.7mL）	キャップ1杯（5mL）	キャップ1.5杯（7mL）

（参考）塩素系漂白剤

濃度	商品名（例）
1%	ミルトン
約5%	ハイター、ブリーチ
6%	ピューラックス

主なSTI（性感染症）リスト

病名	どんな病気なの？	病原体	感染方法	潜伏期間	症状	治療法
梅毒	一般に皮膚や粘膜の小さな傷から病原菌が侵入して感染して全身に広がる。最近はHIV感染者の梅毒が増加。コンドームによる予防△感染してから約4週間後に血液検査で判明。	トレポネーマ・パリダム（細菌）	キスペッティングセックス	約3週間	男女とも症状は同じ。第1期（感染後3か月まで）：外陰部に大豆くらいの大きさの赤くてかたいしこりができる。第2期（感染後3か月〜3年）：全身に赤みや発疹が現れる。脱毛症状。第3期（感染後3〜10年）：無症状。皮膚や粘膜に大きなしこりが生じることがあるが、現在は少ない。第4期（感染後10年以降）：心臓、目、血管、神経などに重い症状がでるが、現在は少ない。	抗生物質の服用
淋病	オーラルセックスによる咽頭炎の感染が増加。	淋菌	セックス	2〜10日	男性の症状がはっきりしているのに対して、女性は症状が軽いため、自覚症状がない場合がある。男性：排尿時の強い痛み、尿道からの分泌物。女性：無症状、尿道痛、おりものの増加。	抗生物質の注射
軟性下かん	日本では少ない病気、最近ではめったにない。	軟性下かん菌	セックス	4〜10日	男性：包皮の内側、亀頭、陰茎に赤い発疹がみられ強い痛みが出る、リンパ腺のはれ、発熱。女性：陰唇に赤い発疹と痛み。	抗生物質の服用（10日くらい）
そけいリンパ肉芽腫症		クラミジア・トラコマティス	セックス		感染後、5〜21日で外性器に小さな水疱やブツブツができる。	抗生物質の服用
エイズ	他の性感染症に感染しているとHIVにも感染しやすくなる。即日検査は原則90日以上。コンドーム〇	HIV	精液腔分泌液血液	6か月〜10年以上	日和見感染をして体の免疫が壊され、さまざまな感染症にかかる。免疫力が落ちると発熱、下痢、倦怠感、体重減少などの症状が出る。進むとエイズ脳症、カポジ肉腫。	薬を一生飲み続けなければならない
クラミジア	世界的に増加傾向、特に女性の感染者が増加、腹腔内へ感染が広がると、腹痛や不妊症の原因になることも。オーラルセックスでは咽頭炎に。	クラミジア・トラコマティス	キスセックス	1〜3週間	男性：軽い尿道炎、排尿時の痛み、放置すれば精巣上体炎、男性不妊症を起こす。女性：70%以上の人が無症状、不正子宮出血や軽い下腹部痛、おりものの増加。進行すると、卵管炎、腹膜炎、子宮外妊娠の原因に。	抗生物質の服用

病名	どんな病気なの？	病原体	感染方法	潜伏期間	症状	治療法
性器ヘルペス	女性に多いウイルス性の病気。一度感染するとウイルスが潜伏し再発を繰り返すことがある。ヘルペスウイルスが性器につき炎症を起こす。妊娠中に起こった場合、出産時に新生児に感染、死亡率が高い。	ヘルペスウイルス	セックスオーラルセックス	2〜10日	米粒大の大きさの水疱が出る。激しい痛みを感じる。	抗ウイルス薬の服用ぬり薬重症の場合抗ウイルス薬の注射
尖圭コンジローム	皮膚や粘膜に感染して発症、再発しやすい。コンドーム△	ヒト乳頭腫ウイルス	皮膚や粘膜の微少な傷から侵入	数週間〜数か月	男女ともに性器や肛門周辺に淡紅色や薄い茶色のイボ、またはカリフラワー状のイボ。患部はかゆく、熱をもったりする。	ぬり薬レーザー治療凍結療法
かいせん・毛ジラミ	コンドーム✖	かいせん虫毛ジラミ虫	セックスシーツやタオルを介して		とにかくかゆい。ぶつぶつや斑点ができたりもする。	軟膏・薬で虫がいなくなるまで治療する
トリコモナス症	おりもののにおいやかゆみ。まれに、人が集まる公衆浴場や濡れたタオル等でも感染することも。	トリコモナス原虫	セックスまれにタオルや下着を介して	4〜10日	男性：無症状、軽い尿道炎。女性：おりものの増加、においが強くなる、腟炎、外陰炎、強いかゆみ。	抗原虫薬の内服腟錠
性器カンジダ症	もともと人が体内に持っていることが多い菌で、性的接触がなくても体調不良や抗生剤内服など、免疫力が低下することによって発症する。	カンジダ（真菌）	セックス常在菌としてもっていたもの、母親からの産道感染	何年にも及ぶこともある	男性：亀頭にかゆみや水疱。女性：外陰部の痛みやかゆみ、白いカッテージチーズ状のおりもの。	腟錠ぬり薬
B型肝炎		B型肝炎ウイルス	血液	約3か月	半数以上は無症状。食欲不振、だるさ、関節痛、黄疸。まれに劇症肝炎を起こすことがある。	安静
A型肝炎	便の中にウイルスが出る。コンドーム△	A型肝炎ウイルス	セックスオーラルセックス		発熱、頭痛、腹痛、だるさ、食欲不振、吐き気、濃い色の尿、黄疸	対処療法

引用：八田真理子『思春期女子のからだと心Q&A』（2020年）労働教育センター

主な眼科所見名の説明

所見名	内容と説明
結膜炎	結膜は、上下のまぶたの裏側と白目の表面をおおっている半透明の膜です。結膜炎は結膜に炎症が起こる病気です。アレルギー性のものとウイルス性のものに分けられます。ウイルス性のものは充血、流涙、痛み、目やになどの症状も強く、発熱やのどの痛みを伴うこともあります。
アレルギー性結膜炎	体外から侵入してくる異物に反応し、体はそれを排除しようとして免疫反応を起こします。本来は体を守るための反応が過剰に起こり、害を及ぼすものをアレルギーと呼びます。このアレルギー反応が結膜に炎症という形であらわれたものです。目のかゆみ、充血、目やに、異物感、目の痛みなどの症状があらわれます。
眼瞼縁炎 （がんけんえんえん）	感染や炎症でまぶたのふちが赤くはれる病気です。目の周囲のただれ、かぶれ、かさつき、切れなどで、かゆみ、痛みを訴えます。
ドライアイ	涙の不足などが原因で目の表面に傷や障害が生じる病気です。目が疲れる、乾燥感、ゴロゴロする、異物感、目の痛み、まぶしさ、などの症状があります。
内反症	さかさまつげのことです。まつ毛がまぶたの皮膚に押されて内側に向かい、黒目や白目に当たっている状態です。異物感を訴えてよく目をこすります。角膜（くろめ）が傷つくことがあり、症状が強い場合は、手術が必要な場合があります。
睫 毛乱生 （しょうもうらんせい）	まつ毛が生えている方向や配列が乱れているため、まつ毛の一部が角膜や結膜にあたっている状態です。
麦粒腫 （ばくりゅうしゅ）	まぶたに炎症や化膿を起こす病気で一般的に「ものもらい」と呼ばれています。急性の細菌感染です。まぶたの異物感、発赤、はれ、痛み、目やに、涙などが主な症状です。ひどくなるとはれていた部分がうみを持ち、白いできものができます。
霰粒腫 （さんりゅうしゅ）	目の表面の乾燥を防ぐマイボーム腺という脂肪分泌腺の出口が詰まり、しこりができる慢性の病気です。しこりはじょじょに大きくなることもあり、まぶたを押さえるとかたまりを感じます。通常は痛みを感じません。
眼位の異常	両眼の視線が同じ方向を向いてそろっていないことです。眼鏡でもコンタクトレンズでも視力が出にくいこともあり、詳しい検査が必要です。

参考資料：『家庭の医学』（2018年）主婦の友社、『家庭医学大全科』（2004年）法研

主な耳鼻咽喉科所見名の説明

参考資料：『家庭の医学』（2018年）主婦の友社、工藤典代『耳鼻のどの病気百科』（2012年）少年写真新聞社

所見名	内容と説明
耳垢栓塞（耳あか） じこうせんそく	耳あかがつまってしまい、鼓膜をふさいでいる状態です。音の聞こえが悪くなったり、耳鳴りが起きたりする場合があります。耳鼻科でないと取れません。
滲出性中耳炎	中耳に浸出液がたまって聞こえが悪くなる病気です。痛みがないので本人が気づかないうちに進行します。日常会話や学校生活に差し支えることがあります。
慢性中耳炎	鼓膜に穴が開き（鼓膜穿孔）閉じなくなってしまった状態です。耳だれが続いたり、聞こえが悪くなったりします。放置すると難聴が進行するおそれもあります。ほとんどの場合、痛みはありません。
アレルギー性鼻炎	原因となる物質（アレルゲン）を吸収すると発症する病気で、くしゃみ・鼻水・鼻づまりが主な症状です。慢性的な鼻づまりは集中力の低下など学校生活にも影響し、しばしば鼻出血の原因にもなります。年中症状がみられる通年性アレルギー性鼻炎と特定の季節に症状がみられる季節性アレルギー性鼻炎に大別されます。
副鼻腔炎	副鼻腔に炎症が広がる病気です。慢性的に粘性・膿性鼻汁があり、鼻づまりや嗅覚障害・鼻出血・頭痛・痰がらみの咳など、いろいろな症状の原因となります。
慢性鼻炎	鼻の炎症が繰り返し起こることによって慢性化し、鼻汁、鼻づまり、くしゃみなどの症状があらわれます。集中力の低下など学校生活に影響を及ぼすと思われます。
鼻中隔わん曲症	鼻の左右の空間を仕切る壁（鼻中隔）が強く曲がっているため、鼻づまりや鼻出血の原因となることがあります。
アデノイドの疑い	口からは見えず、鼻の一番奥にある扁桃組織の一つです。アデノイドが肥大していると鼻で息ができない、中耳炎や急性副鼻腔炎になりやすくなったりします。
扁桃肥大	口を開けてのどの奥を見ると、のどの両側に小指から親指くらいの大きさの赤い塊が見えることがあります。大きくても心配ないものもありますが、呼吸や飲み込みにくい、いびきをかくなどを来す場合があります。
扁桃炎	扁桃が病原体に感染してそれを排除しようとして起こるのが扁桃炎です。習慣性扁桃炎や関節・腎臓・心臓の病気の原因になる病巣感染源となることがあります。

心電図検査結果について

検査の内容

心臓の筋肉に流れる電流を体表面から記録する検査です。
電流の流れ具合に異常がないかがわかります。
また、１分間に電気が発生する回数である心拍数も測定されます。

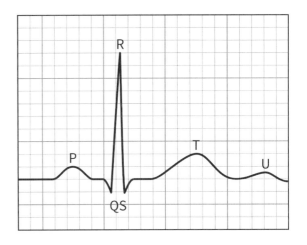

検査でわかること

心臓の電気的な活動の様子をグラフの形に記録することで、不整脈があるか、心筋の血液循環が不良（狭心症）になっていないか、心筋が壊死（心筋梗塞）していないか、などがわかります。

心電図所見の説明

Ⅰ度房室ブロック	心房から心室への電気の流れに時間がかかることをいいます。ブロックの程度が悪化しなければ問題ありません。
Ⅱ度房室ブロック	時々心房から心室への電気の流れが途絶えることをいいます。ウェンケバッハ型とモビッツⅡ型の２種類があります。数拍に１回刺激が伝わらないモビッツⅡ型のほうが、危険度が高くなります。
２相性T （そうせい）	心電図のT波は通常山型をしていますが、山と谷が結合した形に変化しています。心筋の血液のめぐりが悪い場合などに見られます。
Q波、QS型	心電図のQRS波は、上向きのR波と下向きのQ波、S波で成り立っています。そのうちQ波が著しく大きくなる場合をQ型、R波が消失したものをQS型といいます。心筋梗塞や心筋症など強い心筋障害のこともありますが、異常がなくても見られます。
R－R'型	心室での電気の流れに時間がかかることをいいます。異常がなくても見られます。
R波減高	R波の高さが低くなっています。心筋障害、心臓の炎症、肺気腫のときなどに見られますが、異常がなくても見られます。
ST上昇	心電図のST部分が通常より上へシフトしています。心筋炎、心筋梗塞、ブルガタ症候群のときに現れます。健康な若年者でも見られます。
ST低下	ST部が通常より下がった状態です。心臓の筋肉での血液の流れが悪い場合や心臓の筋肉が厚くなった心筋症などで起こります。軽度から重度まで幅があります。
QT延長	心室が収縮している時間が長い状態です。重篤な心室性不整脈の発生要因となりやすく、精密検査が必要です。
低電位	心電図の波の高さが通常より低くなる所見です。体内の水分貯留や肺の空気量が増加する肺気腫、肥満などでおこります。
時計方向転換	心臓自体がやや左方向に回転していることをいいます。
左高電位	心電図波形の振れが大きいもので、心肥大、心臓と胸壁が近い、やせて胸が薄いなどのときにみられます。病的心肥大があれば、高電位のほかにも所見が出ますが、高電位というだけでは心配ありません

洞性徐脈 （どうせいじょみゃく）	正常な心電図波形ですが、心臓の電気発生が1分間に50回より少ないものをいいます。甲状腺機能低下、心疾患のときのほか、健康な人でもスポーツを行なっている人に見られます。
洞性頻脈 （どうせいひんみゃく）	正常な心電図波形ですが、心臓の電気発生が1分間に100回を超えているものをいいます。発熱、心不全、甲状腺機能亢進症などの病的状態のときの他に、健康な人でも緊張状態で見られます。
左房負荷 （僧幅性P） （さぼうふか）	僧帽弁狭窄（そうぼうべんきょうさく）などで左心房に負荷がかかったときに、心電図のP波が変化する所見です。
上室性期外収縮 （じょうしつせいきがいしゅうしゅく）	心臓の上部から余分な電気が発生して心臓を刺激する場合をいいます。緊張、興奮、ストレスなどで起こることもあります。動悸を感じる場合や頻回に出る場合は薬物で治療することもあります。不整脈のなかでも頻度が高いです。
心室性期外収縮 （しんしつせいきがいしゅうしゅく）	電気の発生源が通常ではない心室部位から通常のリズムよりも早く発生した状態をいいます。多くの心疾患のとき、または健康な人でも興奮、喫煙、過労のときなどに見られます。出現頻度や原因、病状によっては治療が必要となることがあります。
上室性頻拍 （じょうしつせいひんぱく）	心室より上部に発生起源があり、心拍が1分間に140〜200回あります。症状は動悸、顔面蒼白などで、失神することはまれです。持続時間は数分から数時間に及びます。
房室解離 （ぼうしつかいり）	心房と心室とが別々のリズムで互いに関係なしに収縮している状態の総称です。
心室内ブロック	心室部分で電気の流れに時間がかかっています。
心室頻拍 （しんしつひんぱく）	通常は右心房から電気発生しますが、下部にある心室から連続的、高頻度に電気が発生しています。精密検査および治療が必要です。
不完全右脚ブロック	右脚の電気の流れがわずかに障害されていますが、伝導時間は正常範囲内に保たれており問題のない状態です。
完全右脚ブロック	右脚の電気の流れがブロックされています。基礎疾患がなければ問題のないことが多いです。電気の流れは左脚を通って伝わります。
RSR'パターン	心室での電気の流れに時間がかかることを言います。いわゆる異常心電図波形として指摘されますが、正常者でも認めることがあり問題ありません。
軸偏位 （じくへんい）	心臓に流れる電流の方向のことを平均電気軸といいます。この軸が通常より右側（時計回転方向）に傾いていることを右軸偏位、左側（反時計回転方向）に傾いていることを左軸偏位といいますが、軸偏位だけでは病気ではなく、特に問題ありません。やせ形の健常者にも見られます。
左脚前枝ブロック 左脚後枝ブロック （さきゃくぜんし） （さきゃくこうし）	左脚ブロックはその背景に心疾患を有する場合があり注意が必要です。左脚の伝導路のうち前枝または後枝のそれぞれ1本が障害されている場合にさらなる障害が生じる場合があり、定期的な心電図検査による経過観察が必要です。ただし左脚前枝・後枝ブロック単独では危険なものではありません。右脚ブロックと合併するときは管理が必要です。
WPW症候群	心房と心室の間に電気刺激を伝える余分な電動路が生まれることで、不整脈のなかでも突然、頻脈になります。突然の頻脈で異常な脈拍リズムを引き起こす病気です。異常心拍を起こすと、血液を十分に全身に送ることができなくなり、失神やけいれん、時には突然死を起こすことがあります。危険度が高くないグループならそのまま経過を見ます。

参考資料：『家庭の医学』（2018年）主婦の友社、『家庭医学大全科』（2004年）法研

インターネット依存・ゲーム障害治療施設リスト（2020年版）

　このリストは、各都道府県・政令指定市の精神保健福祉センターからの情報および各医療機関に行った調査結果を基に作成されています。また、本リストに記載を希望されない施設もありますので、一部の施設はこのリストに収載されていません。

施設名	郵便番号	所在地	電話番号
北仁会 石橋病院	047-8585	北海道小樽市長橋3-7-7	0134-25-6655
医療法人北仁会 旭山病院	064-0946	北海道札幌市中央区双子山4-3-33	011-641-7755
医療法人社団ほっとステーション 大通公園メンタルクリニック	060-0042	北海道札幌市中央区大通西5丁目	011-233-5255
四季メンタルクリニック	060-0061	北海道札幌市中央区南1条西11-327-6 ワンズ南1条ビル4F	011-209-7111
医療法人社団さっぽろ麻生メンタルクリニック	001-0039	北海道札幌市北区北39条西5丁目1番15号北電商販サトウビル4階	011-737-8676
社会福祉法人楡の会 こどもクリニック	004-0007	北海道札幌市厚別区厚別町下野幌49	011-898-3934
医療法人耕仁会 札幌太田病院	063-0005	北海道札幌市西区山の手五条5-1-1	011-644-5111
医療法人渓仁会 手稲渓仁会病院	006-8555	北海道札幌市手稲区前田一条12-1-40	011-681-8111
特定医療法人さっぽろ悠心の郷 ときわ病院 ときわこども発達センター	005-0853	北海道札幌市南区常盤3条1丁目6番1号	011-591-4711
東北会病院	981-0933	宮城県仙台市青葉区柏木1-8-7	022-234-1461
宇都宮東口ストレスクリニック	321-0953	栃木県宇都宮市東宿郷2-4-3 宇都宮大塚ビル5F	028-632-3301
埼玉県立精神医療センター	362-0806	埼玉県北足立郡伊奈町小室818-2	048-723-1111
白峰クリニック	330-0071	埼玉県さいたま市浦和区上木崎4丁目2-25	048-831-0012
医療法人社団アパリ アパリクリニック	162-0055	東京都新宿区余丁町14-4	03-5369-2591
東京医科歯科大学医学部附属病院	113-8519	東京都文京区湯島1丁目5-45	03-3813-6111
成城墨岡クリニック分院	157-0066	東京都世田谷区成城2-22-9	03-3749-1122
医療法人社団学風会 さいとうクリニック	106-0045	東京都港区麻布十番2-14-5	03-5476-6550
東邦大学医療センター 大森病院	143-8541	東京都大田区大森西6-11-1	03-3762-4151
昭和大学附属 烏山病院	157-8577	東京都世田谷区北烏山6-11-11	03-3300-5231
医療法人社団こころの会 タカハシクリニック	144-0052	東京都大田区蒲田4-29-11 高橋ビル	03-5703-1321
医療法人財団青渓会 駒木野病院	193-8505	東京都八王子市裏高尾町273	042-663-2222
ライフサポートクリニック	171-0043	東京都豊島区要町3-11-1 菊信第一ビル2F-4F	03-3956-5555
独立行政法人国立病院機構 久里浜医療センター	239-0841	神奈川県横須賀市野比5-3-1	046-848-1550
横浜市立大学附属病院	236-0004	神奈川県横浜市金沢区福浦3-9	045-787-2800
大石クリニック	231-0058	神奈川県横浜市中区弥生町4-41 大石第一ビル	045-262-0014
地方独立行政法人 神奈川県立病院機構 神奈川県立精神医療センター	233-0006	神奈川県横浜市港南区芹が谷2-5-1	045-822-0241
医療法人綾の会 川崎沼田クリニック	210-0006	神奈川県川崎市川崎区砂子2-11-20 加瀬ビル133 4F	044-589-5377
川崎メンタルクリニック	210-0023	神奈川県川崎市川崎区小川町2-3 川崎アオキビル第10-4F	044-246-0075
北里大学病院	252-0375	神奈川県相模原市南区北里1-15-1	042-778-8111
独立行政法人国立病院機構 さいがた医療センター	949-3116	新潟県上越市大潟区犀潟468-1	025-534-3131
新潟大学医歯学総合病院	951-8520	新潟県新潟市中央区旭町通一番町754番地	025-223-6161
佐潟公園病院	950-2261	新潟県新潟市西区赤塚5588	025-239-2603
かとう心療内科クリニック	950-0121	新潟県新潟市江南区亀田向陽1-3-35	025-382-0810
医療法人社団博啓会 アイ・クリニック	939-8271	富山県富山市太郎丸西町2-8-6	076-421-0238
地方独立行政法人 山梨県立病院機構 山梨県立北病院	407-0046	山梨県韮崎市旭町上條南割3314-13	0551-22-1621
松南病院	390-0847	長野県松本市笹部3-13-29	0263-25-2303
聖明病院	417-0801	静岡県富士市大渕888	0545-36-0277

施設名	郵便番号	所在地	電話番号
服部病院	438-0026	静岡県磐田市西貝塚3781-2	0538-32-7121
マリアの丘クリニック	422-8058	静岡県静岡市駿河区中原930-1	054-202-7031
あつた白鳥クリニック	456-0035	愛知県名古屋市熱田区白鳥3丁目10-19 BLG白鳥2F	052-671-1555
医療法人杏野会 各務原病院	504-0861	岐阜県各務原市東山1-60	058-389-2228
大阪精神医療センター	573-0022	大阪府枚方市宮之阪3-16-21	072-847-3261
大阪市立大学医学部附属病院	545-0051	大阪府大阪市阿倍野区旭町1-5-7	06-6645-2121
垂水病院	651-2202	兵庫県神戸市西区押部谷町西盛566番地	078-994-1151
幸地クリニック	650-0021	兵庫県神戸市中央区三宮町2丁目11-1 センタープラザ西館7F709号	078-599-7365
ただしメンタルクリニック	663-8204	兵庫県西宮市高松町4番37号 中林ビル西宮5F	0798-69-2881
ひびきこころのクリニック	659-0093	兵庫県芦屋市船戸町3丁目24-1 MTビル201号	0797-35-8556
すずろメンタルクリニック	674-0058	兵庫県明石市大久保町駅前1-11-4 KMビル4F	078-995-9572
神戸大学医学部附属病院	650-0017	兵庫県神戸市中央区楠町7-5-2	078-382-5111
岡山県精神科医療センター	700-0915	岡山県岡山市北区鹿田本町3-16	086-225-3821
医療法人せのがわ 瀬野川病院	739-0323	広島県広島市安芸区中野東4-11-13	082-892-1055
藍里病院	771-1342	徳島県板野郡上板町佐藤塚字東288-3	088-694-5151
宮内クリニック	770-0047	徳島県徳島市名東町2丁目660-1	088-633-5535
医療法人社団光風会 三光病院	761-0123	香川県高松市牟礼町原883-1	087-845-3301
愛媛大学医学部附属病院	791-0295	愛媛県東温市志津川454	089-964-5111
のぞえ総合心療病院 医療法人コシュノテ風と虹	830-0053	福岡県久留米市藤山町1730	0942-22-5311
こころころころクリニック	811-2417	福岡県糟屋郡篠栗町中央4-10-33	092-931-5656
医療法人遊行会 藤川メディケアクリニック	812-0008	福岡県福岡市博多区東光2-22-25	092-432-6166
うえむらメンタルサポート診療所	812-0024	福岡県福岡市博多区綱場町5-1 初瀬屋福岡ビル6F	092-260-3757
雁の巣病院	811-0206	福岡県福岡市東区雁の巣1-26-1	092-606-2861
独立行政法人国立病院機構 肥前精神医療センター	842-0192	佐賀県神埼郡吉野ヶ里町三津160	0952-52-3231
さがセレニティクリニック	849-0937	佐賀県佐賀市鍋島3-2-4-1F	0952-37-7430
虹と海のホスピタル	847-0031	佐賀県唐津市原842-1	0955-77-0711
医療法人社団松本会 希望ヶ丘病院	861-3131	熊本県上益城郡御船町豊秋1540	096-282-1045
医療法人横田会 向陽台病院	861-0142	熊本県熊本市北区植木町鐙田1025	096-272-7211
河村クリニック	870-0026	大分県大分市金池町2-12-8 ひこばゆビル3F	097-548-5570
医療法人山本記念会 山本病院	874-0930	大分県別府市光町14-3	0977-22-0131
大悟病院	889-1911	宮崎県北諸県郡三股町大字長田1270	0986-53-3366
森口病院	892-0873	鹿児島県鹿児島市下田町1763	099-243-6700
指宿竹元病院	891-0304	鹿児島県指宿市東方7531	0993-23-2311
いこまクリニック	890-0045	鹿児島県鹿児島市武1-27-11	099-206-0788
医療法人 増田クリニック	892-0845	鹿児島県鹿児島市樋之口町2-24	099-219-1155
独立行政法人国立病院機構 琉球病院	904-1201	沖縄県国頭郡金武町字金武7958-1	098-968-2133

引用：独立行政法人国立病院機構 久里浜医療センターHPより転載
＊全国の精神保健福祉センターや保健所で、依存症を診療する医療機関を紹介しています。

SNS相談の窓口や機関は、以下もあります。

相談窓口・相談機関	特色
法務省 インターネット人権相談窓口	具体的な相談に応じてくれる。本人に代わって削除請求なども行なってくれる。
総務省支援事業 違法・有害情報相談センター	具体的な相談に応じてくれる。削除方法などの助言はあるが、本人に代わって削除請求などは行なわない。
インターネット・ホットラインセンター	インターネット上の違法情報の通報をガイドラインに照らして判断したうえで警察に情報提供をするとともに、サイト管理者等に送信防止措置を依頼してくれる。
一般社団法人セーファーインターネット協会 セーフライン	企業の有志が集まってつくられている民間のホットライン。違法・有害情報を受け付け、被害者に代わって無料で削除依頼を行なう。誹謗中傷に関しては本人、保護者、学校関係者からも受け付けてくれる。

性暴力被害に関する相談窓口・支援団体 (2021年10月現在)

被害にあった人、友だちが被害にあった人は

性暴力被害ワンストップ支援センター

性暴力の被害相談に対して、医療、心のケア、法的支援などを一つの窓口で総合的に支援する相談窓口。全国のセンターの一覧は、ホームページで見ることができます。

性犯罪被害相談電話全国共通番号「#8103（ハートさん）」

各都道府県警察の性犯罪被害相談電話窓口につながる全国共通の短縮ダイヤル番号。#8103（局番なし）にかけると、最寄りの警察の性犯罪被害相談窓口につながります。

NPO法人 性暴力救援センター・大阪SACHICO

日本初の「女性専用」の性暴力被害ワンストップセンター。24時間、研修をつんだ相談員が対応。被害直後に必要な医療や法律のサポートを受けられます。

電話 072-330-0799（24時間）

NPO法人 性暴力救援センター・東京 SARC東京

24時間いつでも支援員が電話相談を受けています。産婦人科の診療や警察への通報・付き添い、弁護士や他の相談機関への紹介も行なっています。

電話 03-5607-0799（24時間）

NPO法人 レイプクライシスセンター TSUBOMI（ツボミ）

レイプ、痴漢、ストーカー等の被害にあった人が、安心して相談でき、必要な支援が受けられるようサポートしています。ホームページでメールでの相談も受け付けています。

電話 03-5577-4042（電話相談の実施日は、ホームページ内のカレンダーを見てください）

サチッコ（SAP子どもサポートセンター）

19歳以下の子ども専用の相談窓口です。困ったこと・イヤなこと・どうしていいかわからないことなど気軽に相談できます（女性相談員が対応します）。

電話 06-6632-0699（水曜〜土曜：午後2時〜午後8時）

NPO法人 ハーティ仙台

仙台を拠点にDVや性暴力に悩む女性をサポート。女性スタッフが電話相談を行なっています。

電話 022-274-1885（平日：午後1時30分〜午後4時30分／第1・2・3・4火曜：午後6時30分〜午後9時 祝日・年末年始を除く）

デートDV110番

デートDVのことなら、どんなことでも全国から相談できる電話相談。本人はもちろん、周囲の人や、デートDVをしているかもと気づいた人からの相談も可能。名前を言う必要はなく、秘密厳守。繰り返し相談できる。デートDVについて専門に研修を受けた相談員が対応。

電話 050-3204-0404／相談LINE（毎週火曜〜木曜：午後6時〜午後9時／土曜：午後2時〜午後6時 年末年始を除く）

NPO法人 ぱっぷす（(旧)ポルノ被害と性暴力を考える会）

リベンジポルノ・性的な盗撮など、ネット上で性的な画像が拡散されるデジタル性暴力、アダルトビデオ業界や性産業にかかわって困っている人の相談窓口。ネット上で拡散された画像の削除要請も行なっています。ホームページではメール相談も受け付けています。

電話 050-3177-5432（24時間）

東京・強姦救援センター

性暴力の被害にあった女性のための電話相談。1983年に女性によって設立された、日本で初めての強姦救援センター。

電話 03-3207-3692

新型コロナウイルス対策のため、毎週土曜：午後1時〜4時のみ（祝日を除く）。上記以外の時間帯は留守番電話の応答。センターから相談者に電話をかけることはありません。

性犯罪や性暴力被害に悩んでいる人は

内閣府の男女共同参画局

ホームページで、以下についての被害事例や相談窓口が検索できます。

- 配偶者からの暴力（DV）
- 性犯罪・性暴力
- レイプドラッグ
- デートDV
- AV出演強要
- JKビジネス

DV相談ナビ

どこに相談したらよいか分からないという人のために、全国共通ダイヤル（#8008）から、最寄りの相談窓口を案内。希望があれば、案内された相談窓口に直接電話を転送してもらうことも可能。

電話 #8008

※転送は各相談機関の相談受付時間内に限ります。
※一部のIP電話からはつながりません。

DV相談＋（プラス）

電話やメールを24時間受け付ける窓口。専門の相談員が一緒に考えてくれます。面談や同行支援といった直接支援も実施するほか、安全な居場所も提供。午後０時〜午後10時はチャットでの相談も受け付けています。

電話 0120-279-889（つなぐ はやく）（フリーダイヤル24時間 10か国語対応）

配偶者暴力相談支援センター

配偶者からの暴力の防止および被害者の保護を図るため、相談や相談機関の紹介、カウンセリング、緊急時における安全の確保および一時保護、生活や住まいに関する情報提供などを行なっています。

婦人相談所

各都道府県に必ず１つ設置されています。2001年に施行された配偶者暴力防止法により、配偶者暴力相談支援センターの機能を担う施設の一つとして位置付けられました。

女性センター

都道府県および市町村等が自主的に運営している女性のための総合施設。ウィメンズプラザ、男女共同参画センター等、名称は自治体によって異なります。人権相談や法律相談、心と体の相談など、女性が抱える問題全般の相談や情報提供を行なっています。

法務省 女性の人権ホットライン

配偶者やパートナーからの暴力、職場等におけるセクシュアル・ハラスメント、ストーカー行為といった女性をめぐるさまざまな人権問題についての相談を受け付ける専用相談電話。最寄りの法務局・地方法務局につながり、女性の人権問題に詳しい法務局職員または人権擁護委員が相談を受けます。

電話 0570-070-810（平日：午前８時30分〜午後５時15分）

※IP電話等からは接続できません。一覧表にある各法務局・地方法務局の電話番号を利用してください。

NPO法人 全国女性シェルターネット 女性のためのDV相談室

配偶者やパートナーからの暴力に悩む女性を一時避難させる取り組みをしています。

犯罪の被害にあった人、苦しんでいる人は

法テラス（日本司法支援センター）

国によって設立された、法的トラブル解決のための総合案内所。犯罪被害者支援ダイヤルでは、セクハラや性被害、ストーカー、DVなどの被害にあった人やその家族などが必要な支援を受けられるよう、さまざまな支援情報を提供。

犯罪被害者支援ダイヤル 0570-079714（なくことないよ）

IP電話からは 03-6745-5601

（平日：午前９時〜午後９時／土曜：午前９時〜午後５時　祝日・年末年始を除く）

※全国各地の事務所での面談、メールでの問い合わせも受け付けています。詳細はホームページを見てください。

公益社団法人 全国被害者支援ネットワーク

全国48の加盟団体とともに、犯罪被害者がいつでもどこでも支援が受けられるようサポートを行なっています。

SIAb.（シアブ）

近親姦虐待の当事者による当事者のためのサイト（現在、女性の当事者のみ対象）。当事者が仲間とつなが

り、安心して語れる場で過去のトラウマに向き合いながら、回復・成長し続けることを目指しています（詳細はホームページを見てください）。

NPO法人 日本トラウマ・サバイバーズ・ユニオン JUST

いじめや児童虐待、言葉による暴力、家族関係、人間関係など、さまざまな要因による心の傷（トラウマ）から生き延びてきた人（サバイバー）たちの回復支援団体。どんなことでもOKの無料電話相談ホットライン、さまざまな生きづらさをテーマにしたグループミーティングの開催などを行なっています。
電話 03-6453-8440

被害を防ぐ活動団体

NPO法人 CAPセンター・JAPAN
CAP（子ども暴力防止）プログラム

家庭・学校・地域で子どもの安心・安全を守る活動をしています。CAPプログラムとは、子どもがいじめ・虐待・体罰・誘拐・痴漢・性暴力などから自分の心とからだを守る暴力防止のための予防教育プログラム。全国各地に活動しているグループがあり、教育委員会やPTA等から依頼を受けると、学校に出向いてクラス単位で実施してくれます。

心の相談窓口

（2021年10月現在）

生きづらさを感じるなどのさまざまな悩みについて相談したいとき

精神保健福祉センター等
保健師・精神保健福祉士等の専門職が、面接や電話等で、コロナのこと等で不安で眠れない、子どもの世話でストレスがたまるといった悩みの相談を受け付けています。https://www.zmhwc.jp/centerlist.html
※電話は最寄りのセンターにかけてください。

いのちの電話
0120-783-556（フリーダイヤル）

生きづらびっと
LINE　@yorisoi-chat

チャイルドライン
0120-99-7777（フリーダイヤル）

チャイルドラインチャット
https//childline.or.jp/chat

若者メンタルサポート協会
http://www.wakamono-support.jp/

こころのほっとチャット
LINE、ツイッター、フェイスブック　@kokorohotchat

あなたのいばしょ
オンラインのチャット相談　https://talkme.jp

厚生労働省ホームページ「まもろうよ こころ」
SNS相談等を行なっている団体一覧が検索できます。チャット等で相談できます。また悩み別に相談窓口情報等を紹介するサイトの紹介もあります。
https://www.mhlw.go.jp/mamorouyokokoro/

電話で話したい人は

こころの健康相談統一ダイヤル
おこなおう まもろうよ こころ
0570-064-556（ナビダイヤル）
相談対応の曜日・時間は都道府県によって異なります。また、IP電話やLINE Outからは接続できません。詳細はホームページを見てください。https://www.mhlw.go.jp/stf/seisakunitsuite/bunya/hukushi_kaigo/seikatsuhogo/jisatsu/kokoro_dial.html

よりそいホットライン
つなぐ ささえる
0120-279-338（フリーダイヤル・無料）
24時間対応。ガイダンスで専門的な対応も選べます（外国語含む）。なお、岩手県、宮城県、福島県からかける場合、またはIP電話・LINE Outからは電話番号が異なります。詳細はホームページを見てください。https://www.since2011.net/yorisoi/

摂食障害相談窓口

■全国の精神保健福祉センター一覧
http://www.mhlw.go.jp/kokoro/support/mhcenter.html

■摂食障害全国支援センター（情報提供のみ、摂食障害に関するさまざまな情報が入手できます）
https://www.ncnp.go.jp/nimh/shinshin/edcenter/

■各県の摂食障害治療支援センター　2021年10月時点のHPより
相談窓口　宮城県（東北大学病院心療内科内）：022-717-7328（月・水・木　10時30分〜17時）
　　　　　千葉県（国立国際医療研究センター国府台病院外来管理棟）：047-375-4792（月・水・金　9〜15時）
　　　　　静岡県（浜松医科大学附属病院精神科神経科内）：053-435-2635（平日　9〜17時）
　　　　　福岡県（九州大学病院外来棟４階西）：092-642-4869（月・水・金　9〜16時　祝日は除く）

■一般社団法人 日本摂食障害協会
当事者・家族・治療者向けの資料やセミナー情報記載
https://www.jafed.jp/

■全国の摂食障害家族会
摂食障害の理解とサポートのために　家族・支援者のための情報サイト
https://eatfam.com/

病院検索サイト

保護者や子どもたちに「どこの病院がいいですか」と聞かれることがあります。専門外だと診ていただけないこともあります。近隣の病院や専門外来のリストを作成しておくといいと思います。

■病院なび
全国のクリニック・診療所・医院・病院をさまざまな条件から検索できる
https://byoinnavi.jp/

■病院検索ホスピタ
全国の病院やクリニックの検索に加え、医師も検索できる
https://www.hospita.jp/

■ナビタイム
全国の病院・クリニック等を検索
ルートを調べることができる
https://www.navitime.co.jp/

■ちば医療ナビ
千葉県の病院等の医療施設から千葉県へ報告された医療機能情報を地域の住民に提供
http://www.iryo.pref.chiba.lg.jp/

■お医者さんガイド
全国の病院・クリニック等を地域、科目、フリーワードなど、さまざまな条件で検索できる
https://www.10man-doc.co.jp/

■「子どもの心」相談医
公益社団法人 日本小児科医会のホームページで近くの相談医を検索できる
https://www.jpa-web.org/

参考文献・参考資料

- （社）日本小児心身医学会編『小児心身医学会 ガイドライン集 改訂第2版』(2015年)南江堂
- 樋口進『ネット依存症のことがよくわかる本』(2013年)講談社
- 志村哲祥監修・解説／宇田川和子企画協力「DVD 睡眠障害のしくみと学校での対処方法～正しい睡眠指導で生徒の未来をつくる」ジャパンライム
- 内山真『睡眠障害 うまく寝るための知恵とコツ』(2003年)家の光協会
- 「健康ニュース 消化器のひろば」(2012、2016年)日本消化器病学会
- 日本小児栄養消化器肝臓学会編『小児慢性機能性便秘症 診療ガイドライン』(2013年)診断と治療社
- 工藤孝広『子どもの胃腸病気百科』(2016年)少年写真新聞社
- 伊藤克人『過敏性腸症候群の治し方がわかる本』(2011年)主婦と生活社
- 『栄養素の働きハンドブック』(2019年)日本摂食障害協会
- 『家庭の医学』(2018年)主婦の友社
- 早乙女智子『パワポ月経授業 そのまま使える』(2017年)少年写真新聞社
- 八田真理子『思春期女子のからだと心 Q＆A』(2020年)労働教育センター
- 池田稔『つつみかわあまるの独りよがりの性教育』(2014年)ルネッサンス・アイ:白順社
- 小堀善友『泌尿器科医が教えるオトコの「性」活習慣病』(2015年)中公新書クラレ
- 北村邦夫『ティーンズ・ボディーブック』(2018年)中央公論社
- 『養護教諭のための教育実践に役立つQ＆A集Ｖ』(2014年)東山書房
- 立入克敏監修・解説「DVD 学校における『運動器検診』のすべて」ジャパンライム
- 日本高血圧学会『高血圧治療ガイドライン』ライフサイエンス出版
- 岡村理栄子『おしゃれ障害』(2003年)少年写真新聞社
- 宮後宏美「軸性近視とは」『高校保健ニュース』(2021年9月)少年写真新聞社
- 『中学生・高校生のためのコンタクトレンズガイド』日本コンタクトレンズ学会
- 千葉県歯科医師会『素敵な笑顔になるために』(2020年)
- 『驚異の小宇宙 人体①生命誕生 心臓 血管』(2004年)小学館
- 石黒幸司監修／久保田昌子編著『からだとこころの教室③』(2003年)東山書房
- 『弁慶・牛若丸の腰痛教室』第一三共株式会社
- 鈴木眞理『摂食障害 見る読むクリニック』(2014年)星和書店
- 松本俊彦「第108回日本精神神経学会総会教育講演　自傷行為の理解と援助」『精神経誌』(2012. 114巻8号)日本精神神経学会
- 松本俊彦『自傷行為の理解と援助』(2009年)日本評論社

● 東京都学校保健研究会編著／鈴木裕子監修『学校保健OJTシート』(2017年)東山書房

● 本田秀夫『発達障害がよくわかる本』(2018年)講談社

● 『ADHDの正しい理解と個性を生かす支援のために』(2010年)日本イーライリリー

● 森田ゆり『子どもの性的虐待』(2014年)岩波新書

● 森田ゆり『虐待・親にもケアを』(2018年)築地書館

● 篠永正道『脳脊髄液減少症を知っていますか?』(2013年)西村書店

● 高橋浩一「子どもの脳脊髄液減少症」『健康教室』(2017年1月号)東山書房

● 高橋浩一「頭部外傷・脳脊髄液減少症」『子どもと健康』No.110(2019年12月)労働教育センター

● 北垣毅『養護教諭のフィジカルアセスメント2』(2017年)少年写真新聞社

● 「色覚検査を考える」『子どもと健康』No.102〜104(2015年12月、2016年7月・12月)労働教育センター

● 田中英高『起立性調節障害がよくわかる本』(2013年)講談社

● 田中英高『起立性調節障害の子どもの正しい理解と対応』(2017年)中央法規

● 田中英高『起立性調節障害の子どもの日常生活サポートブック』(2017年)中央法規

● 『カラダのミカタ』(2015年)バイエル薬品株式会社

● 『家庭医学大全科』(2004年)法研

● 工藤典代『耳鼻のどの病気百科』(2012年)少年写真新聞社

● アメリカ精神医学会のDSM-5

● 日本救急医学会「熱中症分類」

● 国立がん研究センター がん情報サービス

● 京都整形外科医会資料

〈引用転載〉

● 慶應義塾大学病院KOMPAS

● 一般社団法人日本呼吸器学会HP

● 一般社団法人日本頭痛学会HP

● 独立行政法人国立病院機構 久里浜医療センターHP

＊その他、学校医や専門家への取材や、各省庁の出版物・HP、自治体HP、また様々なインターネットサイトを参考にしました。
　なお、参考文献の発行年を追求できなかったものがあること、また追求しきれなかった掲載指導資料があることをお断りします。
　ご指摘等いただけましたら幸いです。

資料ダウンロードについて

資料のデータは、下記のURLよりダウンロードできます。お使いのブラウザのURL入力欄に直接入力するか、弊社HPの書籍紹介ページ内のリンクより表示してください。
データをダウンロードする際は、下記の共通パスワードを入力してください。

URL www.rks.co.jp/health/

パスワード hokenshido2022

ダウンロード項目一覧

監修

北垣 毅 （きたがき たけし）

総合診療医。医療法人北垣会理事長。たけしファミリークリニック院長。千葉大学医学部臨床教授。千葉県内の校医としても活躍。
『すぐに使えてよくわかる 養護教諭のフィジカルアセスメント』（1）2015年、（2）2017年（ともに、少年写真新聞社）著書ほか、雑誌連載、講演活動で活躍中。

編著

宇田川 和子 （うだがわ かずこ）

千葉県公立学校 養護教諭。養護教諭経験36年。高校5校に勤務。養護教諭向けの研修会を県内各地で主催。2011年から18年までフィジカルアセスメントやメンタル、ネット依存症など多岐にわたって78回開催。延参加人数は3,200人を超える。「養護教諭は常に学び続けなければならない」をモットーとしている。

協力

我妻 明日香 （わがつま あすか）

千葉県公立学校 養護教諭

箱崎 遥 （はこざき はるか）

福島県公立学校 養護教諭

野口 千紘 （のぐち ちひろ）

千葉県公立学校 養護教諭

保健室ですぐに使える
養護教諭のための保健指導資料集
資料ダウンロード付き

2022年2月28日　第1版第1刷発行
2024年4月24日　第1版第3刷発行

監　修　北垣 毅

編　著　宇田川 和子

発行者　南 千佳子

発行所　㈱労働教育センター

　　　　〒101-0051
　　　　東京都千代田区神田神保町2-2-34 千代田三信ビル5F
　　　　電話：03-3288-3322　FAX：03-3288-5577
　　　　振替口座：00110-2-125488

編集協力　オフィス2
カバーイラスト　タナカケンイチロウ
デザイン　㈱エムツーカンパニー

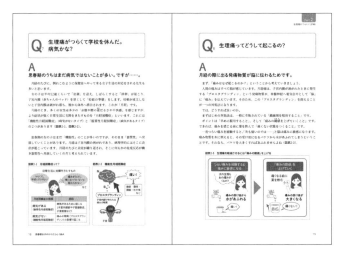